Herderbücherei

Band 1317

W0051935

Fünfzehn Jahre im Leben der Communauté von Taizé vergegenwärtigt die vorliegende Auswahl aus den bisher erschienenen Tagebuchaufzeichnungen von Frère Roger. Sie beginnen in der zweiten Hälfte der sechziger Jahre, als die ersten Jugendlichen in schnell wachsender Zahl zu den Brüdern auf den kleinen südburgundischen Hügel kamen.

Mitten im Zweiten Weltkrieg hatte Frère Roger sich zunächst allein in Taizé niedergelassen. Bald darauf rief er eine Gemeinschaft von Männern ins Leben. Heute suchen dort über achtzig katholische und evangelische Brüder aus etwa zwanzig Ländern der ganzen Welt ein „Gleichnis der Gemeinschaft" zu verwirklichen. Sie engagieren sich unwiderruflich zum gemeinsamen Leben im Zölibat. Ein Teil ist ständig in Taizé, andere leben in kleinen Gemeinschaften auf verschiedenen Kontinenten mitten unter den Ärmsten. Die Communauté lehnt Spenden ab und legt keine Rücklagen an. Ihren Lebensunterhalt und die Unterstützung anderer bestreitet sie mit den Einkünften aus ihrer eigenen Arbeit.

Jugendliche und auch weniger junge Menschen aus der ganzen Welt kommen mit ihren Fragen und Erfahrungen nach Taizé. Seit der Unruhe der 68er-Generation werden die immer schneller sich wandelnden Probleme in Gesellschaft und Kirche von der nördlichen wie der südlichen Erdhälfte auf den Hügel getragen. Die das ganze Jahr über stattfindenden Wochentreffen dienen dazu, sich angesichts einer zerrissenen Welt auf die Quellen des Glaubens zu besinnen. Immer wieder kommt es auch in europäischen und außereuropäischen Metropolen mit ihren Kathedralen zu solchen Begegnungen. Den gemeinsamen Weg, die gemeinsame Suche zu einer festen Bewegung zu organisieren, wird jedoch von jeher abgelehnt: Ziel ist das konkrete Engagement jedes einzelnen in seinem Lebensbereich. Anhaltspunkte dazu geben „Briefe", die Frère Roger jährlich mit Brüdern und Jugendlichen in Taizé oder in einem Elendsgebiet der Erde schreibt.

Was liegt den Tagebuchaufzeichnungen Frère Rogers zugrunde? Die vorliegende, verdichtende Auswahl macht eines deutlich: Frère Roger stellt sich dem Augenblick, der Begegnung mit dem Menschen, dem Ereignis der Stunde. Er empfängt; mit seinen Brüdern hört er zu. Sein Tagebuch gibt vielen Stimmen Raum. Leidenschaftliches Verstehenwollen fügt Widerstrebendes zusammen, begründet Gegenseitigkeit. Es ist auf ungeahnte Wendungen gefaßt, stiftet Beziehungen, die wachsen ohne zu altern. So gesehen verleitet dieses Buch nicht zum Rückblick. Es verweist in die Gegenwart, lädt ein, schlicht zuzuhören und sich mitzuteilen. Vor Gott wird diese Haltung zum Gebet.

Frère Roger
in seinem Tagebuch

Alles vom andern verstehen

Herderbücherei

Veröffentlicht als Herder-Taschenbuch
Auswahl und Übersetzung: Communauté von Taizé

Umschlagfotos: Taizé

Von Jugend auf hatte ich das ganze Leben lang den Wunsch, nie jemanden zu verurteilen. Das Wesentliche im Verhältnis zu jedermann ist für mich stets, alles von ihm zu verstehen. Gelingt es mir, den anderen zu verstehen, ist das bereits ein Fest.

Inhalt

Die Gewalt der Friedfertigen! Sie ist schöpferisch. Sie verwandelt den Menschen. Sie stellt eine Herausforderung dar und zwingt dadurch zur Stellungnahme. Sie besitzt die Kraft, sich mitzuteilen. Man erkennt sie an bestimmten Zeichen.

Vor allem ist sie wie die lebendige Gewissensverweigerung gegen ein

Die Gewalt der Friedfertigen

träge gewordenes Christentum, das sich mit Haß oder Ungerechtigkeit abfindet.

Welch eine Herausforderung verkörpert ein Christ, der inmitten der Welt der Ungerechtigkeit, der Rassenkämpfe, des Hungers zu einer lebendigen Hoffnung wird! Entleert von allem Haß wirkt seine Gegenwart aufbauend, schöpferisch. Es handelt sich um eine Herausforderung brennender Liebe, um eine Gewalt, die bewohnt ist. Ein Mensch, der diesen Brand in sich trägt, entzündet ein Feuer auf der Erde.

(1966–1968)

Spät in der Nacht, ich denke darüber nach, was mir heute ein paar Jugendliche gesagt haben. Ich sehe dieses oder jenes Gesicht wieder vor mir; den klaren, doch verängstigten Blick eines ganz jungen Mädchens. Ich habe noch die rauhe, ernste Stimme eines Jungen im Ohr, der sich heftig gegen die Kirche auflehnt.

Ich zweifle nicht daran, daß ihr Schmerz über die Inkonsequenz der institutionellen Kirchen berechtigt ist. Aber ich spüre schon die Stürme, die diese leidenschaftliche Haltung entfesseln wird.

Wie oft hat man schon seit zweitausend Jahren vom Ende des Christentums gesprochen! Immer wieder waren viele fest davon überzeugt: am Vorabend des Jahres Tausend, in der Renaissance, im Zeitalter der Aufklärung.

Wie kommt es, daß ich mit so vielen jungen Menschen im Gespräch sein kann, die die institutionelle Kirche leidenschaftlich ablehnen? Ohne bestimmte Institutionen dieser Art gäbe es doch gar kein Fortleben Christi unter den Menschen mehr.

Freue dich! Viele junge Menschen lieben Christus, wie wir es vielleicht noch nie erlebt haben. Zwischen der Last alter Strukturen und dem Nichts wird es einen anderen Weg geben.

*

Dreimal nacheinander Treffen mit einem Studenten von der Sorbonne, der bei allen Mai-Ereignissen in Paris dabei war. Anfangs war er nur mitgegangen, um zuzuschauen, sonst nichts.

Ich kenne ihn seit seiner Kindheit. Innerhalb eines Monats ist er zu einer ungeahnten Reife gelangt.

Er ist von einer seltenen intellektuellen Redlichkeit. Gleich bei seiner Ankunft in Taizé sagte er: „Im letzten Monat wußte ich nie, wann ich unecht war und wann echt. Ich habe gesucht. Als wir niedergeknüppelt wurden, vor allem aber als wir sahen, wie andere brutal behandelt wurden, darunter auch Mädchen, wurde unsere Solidarität Selbstverständlichkeit, ohne daß wir uns überhaupt Gedanken machten."

Von dem zweiten Gespräch sind mir folgende Worte im Gedächtnis geblieben: „Die größte Schwierigkeit besteht darin, zu begreifen, wodurch der andere bestimmt wird, sich als Menschen zu verstehen und über die Grenzen der eigenen Reflexion hinauszugehen."

Woher stammt seine innere Gelassenheit nach allem, was er erlebt hat? Junge Menschen dieser Art konfrontieren uns mit einem Anspruch. Bisher hat man die Jungen zu sehr beiseite geschoben. Entweder bauen wir alle zusammen eine neue Gesellschaft, oder es entsteht eine Kluft zwischen zwei Parallelgesellschaften, und uns Älteren bleibt nichts anderes übrig, als auf unseren Tod in der Isoliertheit, der Langeweile und dem Überfluß der Konsumgesellschaft zu warten.

Wer die Würde des Menschen und lebendig hervorbrechender Kräfte innerhalb einer Gruppe oder der Öffentlichkeit beschneidet, setzt die Gesellschaft und die Gruppe dem Aufruhr mit allen Folgen aus.

*

Der vielleicht bedeutendste Abend dieses Jahres: Ich habe Freunde aus Polen bei mir. Die Unterhaltung fließt ruhig dahin, bis ich sie sagen höre, daß sie in den sehr großen Schwierigkeiten ihres Daseins, in dem Bemühen, das Gleichgewicht zwischen den Marxisten und der Kirche zu bewahren, immer wieder Halt suchen in dem Gedanken an eine gleichfalls heute lebende kleine Gemeinschaft, die ihre Hoffnung nährt.

Schrecken und Unbehagen steigen in einem auf, wenn man eine so starke Bejahung seiner selbst von anderen zu hören bekommt. Und dabei schreibe ich hier keineswegs alles nieder, was sie gesagt haben.

Ich fühlte mich gedrängt, im Bruderrat alle Brüder darüber zu hören. Ich fragte sie:

Wer sind wir? Eine Begegnung von Menschen, die einander nicht gewählt haben und die versuchen, in dieser unserer Zeit etwas von der christlichen Urgemeinde zu leben.

Wer sind wir? Eine kleine, zerbrechliche Gemeinschaft, die von einer wahnwitzigen Hoffnung lebt, von der Hoffnung auf die Aussöhnung der Christen und aller Menschen untereinander; eine Gemeinschaft von Christen, die sich vor Aufgaben gestellt sieht, die ihre Kräfte weit übersteigen, und die dennoch und trotz ihrer beschränkten Zahl den Versuch wagt, auf die aus aller Welt an sie ergehenden Anrufe zu antworten.

Nichts würde sich ereignen, wenn wir nicht vor allem eine Gemeinschaft von Menschen wären, in der jeder einzelne für sich allein in einem manchmal sehr harten Kampf für Christus – und allein für ihn – ausharrt.

Eines Tages könnte der Stolz des Lebens in uns einsickern. Was reine Antwort auf einen Anruf war, verflüchtigt sich, und die verbleibende Leere füllt sich mit irgend etwas auf, mit Hunger nach Macht, mit einer Art Triumphalismus der Person, mit Aggression gegen alles, was unmittelbar oder entfernt an den ersten Anruf gemahnt.

Ausharren! Das ist eines der inneren Themen, die Tag für Tag aktuell werden in einer geschichtlichen Epoche, in der immer mehr Dinge in Frage gestellt werden. Unter ständigen Feuerwerken könnten wir nicht durchhalten. Sie würden uns blenden und hindern, die Wirklichkeit zu leben. Wenn uns aber von Zeit zu Zeit so ein Feuerwerk Freude macht, mag es nicht schaden; es kann uns helfen, unermüdlich zum Ausharren zurückzukehren.

Wer sind wir also? Eine kleine, manchmal stark durchgerüttelte Gemeinschaft, die aber immer wieder aufsteht, weil sie getragen ist von einer überragenden Gegenwart, die sie an das Ewige bindet.

Wer sind wir? Unsere gegenwärtige Lage läßt sich in ei-

nem einzigen Satz zusammenfassen: Wir sind eine An-
häufung persönlicher Schwächen, gleichzeitig aber eine
Gemeinschaft, die aufgesucht wird von einem anderen als
uns selber.

*

Für ein paar Tage habe ich mich mit einigen Brüdern in
ein Haus zurückgezogen, dessen Terrasse auf das Meer
hinausgeht.

Was könnte man sich Besseres wünschen? Die Luft in
ständiger Bewegung, die Meeresbrise, die Düfte, das lebendige Licht am Morgen und das Nachlassen der Hitze
jeden Abend nach der Dumpfheit des Tages.

Um diese Stunde ziehe ich mich für einige Augenblicke
auf die Terrasse im Westen neben zwei Orangenbäumen
zurück.

Zeit der Besinnung. Heute abend wird mir bewußt, wie
schwer das Leben in den beiden letzten Jahren war. So
viele Augenblicke, in denen ich nicht weiß, wie ich an die
bevorstehenden Aufgaben herangehen soll, mit denen ich
dann übrigens immer fertig werde, wenn sie einmal da
sind. Das habe ich in den ersten fünfundzwanzig Jahren
Taizé nicht gekannt.

Ich bin ganz überzeugt, daß wir es in diesem ungeheu-
ren Kampf, den wir bestehen müssen, mit den Mächten
der Finsternis zu tun haben. Sie wollen keine Einheit unter den Christen. Sie wissen, daß Christus angesichts der
Zerrissenheit seines Volkes leidet wie im Todeskampf.

Deshalb habe ich mich damit abgefunden, daß der
Kampf noch härter werden könnte.

Nachdem ich die Ruhe wiedergefunden habe, gilt es
noch, die mögliche Ermüdung zu überwinden. Alle
Kräfte müssen für die schlimmen Tage in Bereitschaft gesetzt werden. Es gibt keinen andern Ausweg, als mich
ganz in Christus zu stürzen, ihn bei jeder Gelegenheit an-
zurufen, ihn nahe zu wissen.

Unser Abendessen war überstrahlt von dieser Einsicht. Niemand konnte es wissen, aber ich war reich in der Freundschaft Christi und meiner Brüder.

*

Noch nie habe ich so viele Gespräche mit Nichtglaubenden geführt wie in den letzten Jahren. Erst gestern übersandte mir einer, ein Schriftsteller, den ich noch nicht persönlich kenne, sein neuestes Buch mit der Widmung: „In der Hoffnung, daß Sie dank Ihrer Aufgeschlossenheit auch einen Agnostiker annehmen können."

Vor einigen Tagen, als hier gerade ein Treffen nach dem andern stattfand, kam ein junges Paar aus unserer Gegend zu mir, Studierende, beide ungetauft, und teilte mir mit, daß sie in Kürze heiraten würden. Sie erbäten nicht den Segen, das wäre nicht ehrlich, sagten sie. Das Mädchen stammt aus einer Familie, in der seit Generationen, möglicherweise seit der Französischen Revolution, niemand mehr getauft worden ist. Auch der junge Mann kommt aus einer nichtchristlichen Familie. Aber sie wünschten den festlichen Tag ihrer Hochzeit durch ein besonderes Ereignis auszuzeichnen. Warum nicht durch einen Gedankenaustausch, an dem beide Familien teilnehmen würden? Und so komme ich am Abend des Hochzeitstages mit diesen beiden alteingesessenen Familien in unserer Kirche zusammen.

Unser Gespräch ist gelöst und einfach. Der Dialog zwischen uns ist möglich geworden, seit ein Mann – Johannes XXIII. – die Türe aufgemacht hat. Das haben wir uns gesagt.

Die Glocken verstummen. Ich gehe an meinen Platz, und ich weiß, daß während des Abendgebetes diese Nichtchristen im Halbdunkel der Kirche stehen werden.

*

Gespräch mit einem Mann der Wirtschaft. Er versichert, daß man dank der von der technischen Revolution verfügbar gemachten Mittel bald den Hunger aus der Welt schaffen wird.

Die großen Verantwortungen, die er trägt, haben seine Züge geprägt. Dieser Mann gibt uns starke Denkanstöße für die Überlegungen, die wir zusammen mit anderen anstellen, über die Frage, wie sich die armen Länder aus ihrer gegenwärtigen Lage befreien können.

Dann kommen wir auf das Thema der Wechselseitigkeit in den Beziehungen der Kontinente zu sprechen. Wenn sich die Ärmsten einmal ihres Menschseins mit allem, was das heißt, voll bewußt werden, dann wird die unerläßliche gegenseitige Ergänzung zwischen der südlichen und nördlichen Hemisphäre möglich werden.

Die Völker der südlichen Halbkugel zeichnen sich durch eine überraschende Leichtigkeit in der Auffassung aus. Sie erfassen die äußere Welt in unvergleichlicher Weise, indem sie auf emotionalem und intuitivem Weg in sie eindringen.

Der Mensch der gemäßigten und kühlen Zone dagegen analysiert, um zu erfassen.

Die schöpferischen und künstlerischen Fähigkeiten der Völker der südlichen Halbkugel verkörpern ein mächtiges Wirkungspotential. Sie können für die nördlichen Zivilisationen eine Hilfe in ihrer intellektuellen Abzehrung sein. Jede Absonderung von Süd und Nord führt zum langsamen Tod der Menschheit. Mit der gegenseitigen Ergänzung der Kulturen steht und fällt unser aller Zukunft. Der Austausch, der sich zwischen den intuitiven Gaben der einen und der analytischen Fähigkeit der andern vollziehen wird, besitzt schöpferische Kraft.

Werden die Menschen des Westens, denen es so schwer fällt, sich auf eine echte menschliche Gemeinschaft einzulassen, es verstehen, diese ihre Schwierigkeit dadurch zu kompensieren, daß sie sich der vielfältigen Spontaneität vornehmlich der Schwarzen aufschließen? Wird unser durch eine Überflußzivilisation verstärkte Individualismus durch den Kontakt mit den Nationen des Südens die Fähigkeit zum Miteinanderteilen entwickeln?

*

Gespräch mit etwa 20 jungen West-Berlinern. Sie sind von Haus aus Protestanten, lassen aber ihre Skepsis hinsichtlich jeder beliebigen kirchlichen Institution durchblicken. Für sie zählt nur die Gewalt. Sie stehen unter dem Einfluß der Erinnerung daran, daß einer ihrer Kameraden bei einer Kundgebung von der Polizei getötet worden ist.

Sie fragen mich: Warum bedient sich ihre Gemeinschaft nicht der Presse, um die öffentliche Meinung zu beeinflussen? Sie sind in Deutschland bekannt und könnten viel erreichen. Warum sprechen Sie selber in Ihrer Eigenschaft als Prior nicht mehr?

Ich antworte:

– Alle Brüder ergänzen einander, das gilt für mich wie für sie.

– Aber Ihnen kommt es zu, zu sprechen. Sie wissen nicht, wie viele auf Sie hören würden.

– Was zählt, ist das Innere des Menschen. Das äußere Bild, das manche sich machen können, bedeutet mir wenig. Nun, mein innerer Mensch zieht ein gewisses Stillschweigen vor, er hält sehr wenig von Erklärungen.

– Sie müßten an den Präsidenten der Vereinigten Staaten schreiben.

– Das ist geschehen, und ich mache mir keine Illusionen über das Ergebnis meines Briefes. Übrigens haben schon viele interveniert, und der Krieg hat trotzdem nicht aufgehört.

– Dann hilft also nur Gewalt.

– Gewaltanwendung ist erst zulässig, nachdem alle Mittel passiven Widerstandes und der Überredung eingesetzt worden sind. Von diesem äußersten Mittel darf man nur Gebrauch machen in einem Geist, der frei ist von jedem persönlichen Interesse. Und man muß sich auch klar darüber sein: „Wer zum Schwert greift, wird durch das Schwert umkommen."

Ich lege ihnen nahe, noch am selben Abend einen Abschnitt aus einem kürzlich erschienenen sehr aufschlußreichen Text über den „Fortschritt der Völker" zu lesen. Ich mache sie darauf aufmerksam, daß in diesem Text zum erstenmal ein Papst in einem schriftlichen Text, nach ausdrücklicher Warnung vor der Versuchung der Gewalt, Verständnis dafür zeigt, daß es „in Fällen offenkundiger und anhaltender Tyrannei, welche die Grundrechte der menschlichen Person schwer beeinträchtigt und das Gemeinwohl des Landes in bedrohlicher Weise schädigt" in Ausnahmesituationen zu Gewaltanwendung kommen kann.

Warum sind diese jungen Menschen gekommen, mir Fragen zu stellen? Das ökumenische Anliegen bedeutet ihnen nichts. Es ist ihnen unwichtig, ob sie Protestanten oder Katholiken sind. Sie wissen nicht, wo sie mit ihrem Glauben stehen. Um so mehr überrascht es uns, daß sie bei unserer täglichen Eucharistiefeier die Kommunion empfangen.

Nachdem ich in die Stille meines Zimmers zurückgekehrt bin, wird mir klar, daß ich sie nicht fortgehen lassen kann, ohne ihnen noch einmal zuzuhören. Es gibt ein Prophetentum der Gewalt, und ich kann mir nicht die Ohren verstopfen. Ich denke daran, daß Jesus im Sterben einem Gewalttäter das ewige Leben versprochen hat.

*

Am letzten Tag lade ich die jungen Deutschen zum Frühstück in unser Haus ein. Mir fällt der stählerne Blick eines Mädchens auf, das von einer kalten Leidenschaft beherrscht wird. Sie hat die Macht, eine Art Übereinstimmung über die Notwendigkeit der Gewaltanwendung herbeizuführen. Wäre ein Psychologe dabei, er würde von Gruppenpsychose sprechen. Freilich waren auch manche Propheten in Israel bisweilen weit von einem psychischen Gleichgewicht entfernt! Zum Glück haben diese Jugendlichen, die gleich mir hochbrisante Argumente mitten ins Gesicht geschleudert bekamen, es verstanden, ihre Fragen mit wirklicher Aufrichtigkeit neu zu überdenken.

Der Krieg in Vietnam ist ihnen unerträglich. Sie wollen handeln. Ich antworte ihnen: Ich meinerseits möchte, daß einer meiner Brüder nach Vietnam geht zusammen mit einem derzeit in Taizé weilenden jungen Amerikaner, den der Krieg innerlich völlig fertig gemacht hat. Und Sie, was können Sie tun?

Das Mädchen, das in der Gruppe eine starke Stellung hat, kommt auf Lateinamerika zu sprechen. Dorthin muß die Revolution getragen werden, um die Armen zu befreien. Es müssen weitere Vietnams geschaffen werden sowohl im christlichen wie im außerchristlichen Raum.

Ich antworte, es sei vielleicht noch möglich, Lösungen zu finden, ohne blutige Revolutionen zu entfesseln. Frauen und Kinder sind bestimmt nicht einverstanden, ihnen zum Opfer zu fallen.

Für Sie ist das Engagement das Wichtigste. Also bringen Sie möglichst schnell Ihr Studium zu Ende. Ein Mindestmaß an Ausbildung ist unerläßliche Voraussetzung für jedes Engagement.

Wenn Sie einmal im Einsatz stehen, werden sich vielleicht tatsächlich einige von Ihnen im Gewissen gerufen fühlen, den Weg des Aufstandes gegen offenkundige und anhaltende Gewaltherrschaft, die die menschliche Person unterdrückt und das Leben mißachtet, zu beschreiten. Auch dann noch wird es wichtig sein, sich bis auf den Grund zu prüfen. Die Versuchung der Gewalt wohnt in uns allen unser ganzes Leben lang. Wenn sie uns zur Überzeugung führt, daß man zerstören muß, um aufbauen zu können, dann ist eine ernste Selbsterforschung dringend geboten.

Wenn Sie sich für Gewalt und Zerstörung entscheiden, handeln Sie vielleicht als Fanatiker einer Idee? Nährt vielleicht der eine oder andere insgeheim die Hoffnung, sich als politischer Führer durchzusetzen? Die Argumente können lobenswert sein, der wirkliche Beweggrund wäre es nicht. Wenn Eigeninteressen damit verbunden sind, ist der Einsatz nicht uneigennützig.

Mit der zerstörerischen Gewalt ist immer die Gefahr weiterer Eskalation verbunden. Die freiheitlich Gesinnten werden von der zweiten oder dritten Welle beseitigt, weil sie die Zerstörung als Selbstzweck ablehnen.

*

Gestern die West-Berliner. Und heute finde ich mich schon wieder mit denselben Fragestellungen konfrontiert, obgleich wir abgelegen auf dem Lande leben und mitten im Winter sind. Junge Menschen aus einem andern Land stellen mir die gleichen Fragen. Vom ersten Augenblick an spüre ich bei ihnen eine Bitterkeit, die bei den Berlinern nicht vorhanden war.

Ihre Fragen lassen sich zusammenfassen wie folgt: Weshalb sind Sie gegen die Zerstörung der kirchlichen Institutionen? Sie müßten sich dafür einsetzen, daß reiner Tisch gemacht wird. Ohne Gewalt erreichen wir nichts bei der Hierarchie. Wenn Ihre Gemeinschaft die Dinge nicht so sieht, wäre es uns lieber, sie hätte nie existiert.

Ich versuche zu verstehen. Ich entsinne mich, ihnen im anschließenden Gespräch unter anderem gesagt zu haben: Sind Sie sich klar über Ihre Beweggründe? Bringen Sie es fertig, sich selbst in Frage zu stellen? Fragen Sie sich, ob Sie jene Geduld aufbringen – und Geduld heißt leiden – die für jede schöpferische Leistung, für jede neue Hervorbringung unerläßlich ist?

*

Bisher haben wir uns alle beim Bauen an eine gewisse Norm des Nicht-Vorläufigen gehalten. Aber angesichts der Beweglichkeit unserer Zeit drängt sich der Gedanke an eine Kirche auf, die gleichsam nur mit einem Zelt lebt.

Im Innern unserer Kirche haben wir in diesem Winter alles beseitigt, was aus hartem Material gemacht war. Selbst der Beton hat uns nicht gehindert, anpassungsfähigere und beweglichere Raumaufteilungen zu finden. Bleibt noch die Frage der Außenansicht. Was läßt sich machen? Kann man die Kirche durch Bäume verdecken?

Diese ganze Angelegenheit hat uns vieles gelehrt. Beton macht starr und ruft den Eindruck von Stärke hervor.

*

Eine Gruppe von etwa vierzig Jugendlichen stellt mir Fragen. Die frische, aber schüchterne, kaum hörbare Stimme eines Mädchens fragt mich: Wie sollen wir mit unseren spärlichen Kenntnissen eine derart komplexe Welt durchdringen wie unsere heutige?

Meine Antwort: Jeder Frau, jedem Mann ist – ganz unabhängig vom Ausmaß ihrer Kenntnisse – ein lebendiges Wort gewährt, manchmal nur ein einziges Wort. Wenn man dieses Wort ins Leben umsetzt, wird man fähig, die verschiedenen gegenwärtigen Strömungen von innen her zu erfassen.

Dieses Wort bringt uns allen Menschen nahe; es läßt uns hinhorchen auf die Völker Chinas, Kubas, der sozialistischen Länder Europas, der Vereinigten Staaten, um Wegkreuzungen vorzubereiten, an denen eines Tages jene einander begegnen werden, die heute einander ferne stehen.

Zurück in meinem Zimmer setze ich in meinem Innern das Gespräch fort.

Der Mensch ist für die Hoffnung geschaffen. Für ihn werden alle Dinge neu.

Eines Tages leuchtet mitten in unseren Finsternissen

ein lebendiges Wort auf. Es öffnet uns unwiderstehlich für den Mitmenschen.

Christus will uns nicht mit Zwang zu sich führen.

Das Evangelium ist kein Schraubstock, in den man das Gewissen des anderen und sein eigenes einzwängen müßte wie in ein System. Das Evangelium ist Gemeinschaft.

In Christus hat sich Gott arm gemacht und verborgen. Ein Bild der Größe kann nicht das Zeichen Gottes sein. Gott verlangt von uns nicht Wunder, die über unsere Kraft gehen. Er will ganz einfach, daß wir begreifen, wie wir unsere Brüder – die Menschen – lieben können.

In diesen Jahren spürt man, daß etwas Neues im Entstehen ist: Volk Gottes unterwegs zur Gemeinschaft.

Das Prophetentum ist nicht tot. Über dem Horizont unseres gewalttätigen Heute steigt eine junge Hoffnung auf.

*Wenn das Fest unter den Menschen
aufhörte ...
Wenn wir eines Morgens in einer gut
organisierten, funktionellen, satten
Gesellschaft, die aber bar jeder Spontaneität wäre, erwachten ...
Wenn das Gebet der Christen ganz
und gar Sache des Verstandes würde,
wenn es so sehr säkularisiert würde,*

Ein Fest ohne Ende

*daß es keinen Sinn für das Myste-
rium, für die Poesie mehr kennen
würde, so daß für das Beten des Leibes, für Intuition, für das Gemüt kein
Platz mehr vorhanden wäre ...
Wenn das gedrückte Bewußtsein der
Christen eine Seligkeit ablehnte, die
der anbietet, der auf dem Berg der
Seligpreisungen siebenmal sagt: Selig
sind ...
Wenn die Menschen der nördlichen
Welthälfte erschöpft von all den An-
strengungen die Quelle aus den Augen verlören, aus der sie den Geist
des Festes schöpfen, das noch unter
den Menschen der südlichen Welthälfte lebendig ist ...
Wenn das Fest im Leib Christi, der
Kirche, verstummte, wo gäbe es dann
noch auf der Welt einen Ort der Gemeinschaft für alle Menschen?*

(1969–1970)

Langes Gespräch mit R. Der Bruder fragt mich nach den Gebeten, die ich jeden Mittag in der Kirche improvisiere. Er möchte wissen, warum ich darin so viele Anspielungen auf die Dunkelheit, die innere Armut und die Finsternis mache. Der Grund ist, daß ich nicht in Illusionen lebe. Ich weiß von dem Kampf, der in der Kirche, dem Leib Christi, ausgetragen wird. Die Kirche wird diesen Kampf überstehen. Sie wird an ihm nicht zugrunde gehen. Indem sie ständig geboren wird, wird sie neu geschaffen.

Von unseren eigenen Dunkelheiten und unserer Armut spreche ich um so mehr mit Gott, als sich zur Zeit so viele Christen ihrer Begrenzungen bewußt sind. Ich selbst habe meine Armut auch nicht zu verbergen. In diesem Punkt muß ich alle enttäuschen, die annehmen, unsere Berufung verleihe uns ein besonderes Privileg. Genauso wie sie und mit ihnen beginne ich tagtäglich denselben Weg: von meiner Nacht hin zum Licht – oder auch vom Zweifel zum Glauben.

*

Wer wird je erfassen, was der Blick eines Menschen alles ausdrückt. Ich höre einem Bruder zu. Die Worte folgen einander schleppend. Gäbe es nichts anderes als die Worte, so würde ich nicht alles verstehen. Sein Blick aber verrät einen Kampf, die Weigerung, sich selbst zu dienen und damit andern zu schaden.

*

Einkäufe im „Super-Mag" an der Rue de Rennes. Ich bin in die Spielzeugabteilung gegangen, um mich nach preiswertem Kinderspielzeug zu erkundigen. Ein wenig scheu erklärt mir die Verkäuferin: „Pater, letzten Sonntag habe ich Sie bei den Mittagsnachrichten von Lateinamerika sprechen hören. Da habe ich zu meinem Mann gesagt: Ich kenne den Pater. Er kommt öfters in meine

Abteilung." Sie überläßt mir zum Ausverkaufspreis acht-
zehn Puppen und sucht dann geschäftig in den Lagerbe-
ständen nach weiterem Spielzeug zu vergünstigtem
Preis.

Doch dabei läßt sie es nicht bewenden. Sie erkundigt
sich bei ihren Kollegen und Kolleginnen, ob sie nicht
auch noch preisgünstige Ausverkaufsware dahaben.

Der Spielwarenabteilung gegenüber liegt die Schmuck-
warentheke. Die Verkäuferin, ein Mischling, sagt: „Pas-
sen Sie bitte einen Augenblick auf meinen Stand auf. Ich
gehe schnell zu einer Kollegin, die sicher etwas für Sie
hat."

*

Der Frühling läßt auf sich warten. Die Kälte hält an,
aber der Garten gewinnt dabei an Pracht: das Gold der
Osterblumen, das Rot der Tulpen glänzen seit drei Wochen. Die Frische der Luft hält sie in Atem.

Um diese Zeit des Jahres bin ich immer in meinem innersten Wesen entzückt und hingerissen. Ich möchte mir
nichts entgehen lassen von den Blumen und Bäumen, in
denen sich das Leben neu zu regen begonnen hat. Ich
schiebe meinen Tisch nah an das hohe Fenster, durch das
vom Norden her das Licht ins Zimmer flutet. Bald darauf
trage ich mein Arbeitsmaterial auf die andere Seite zu einem Pult nah am offenen Südfenster. Ein Schauer kündigt sich an: Schon das erste Knarren der Fensterläden
läßt das Herannahen eines Schauers ahnen. Einen Augenblick später ist er da, und dicke Tropfen prasseln gegen
die südlichen Fensterscheiben. Ich gehe wieder an das
Nordfenster. Dort ist alles ruhig und heiter. Ein Dunst-
schleier, der in einer Reihe aufeinanderfolgender Wellen
gejagte Regen, steigt vom Süden her auf.

Die wenigen Male, die ich diese Jahreszeit in der Stadt
erlebt habe, ließen mir den Frühling weniger prangend erscheinen, aber die Hochstimmung war dieselbe. Selbst in

der Stadt habe ich nach Zeichen gesucht: Knospen, die im
Schutz einer hohen Mauer früher aufbrechen; das Mor-
genlicht; die hell angeleuchteten Wolken, die hoch über
den Dächern dahinjagen.

*

Mein Leben ist von Christen gezeichnet, die unsere Berufung in Taizé nicht verstanden haben, und es braucht
meine ganze Wachsamkeit, um nicht nach Kompensatio-
nen zu suchen. Wie Vorwürfe vergiftend wirken, so auch
Anerkennung. Wenn jemand in seinen Bemühungen gedemütigt worden ist, gibt ihm die Anerkennung für kurze
Zeit neuen Auftrieb. Kaum aber hat sie seine Wunde ge-
lindert, sucht er nach neuer Anerkennung. Wie es nichts
ändert, wenn man sich in der Kritik gefällt, so heilen
harte Urteile nicht das Bedürfnis, bestätigt zu werden.
Vorwürfe hinterlassen im Menschen Zweifel und Verwir-
rung.

*

Zusammen mit vier Brüdern in Sotto il Monte, dem
Dorf Johannes' XXIII. Am Hause der Familie Roncalli
angelangt, erkannten wir vor dem Hofgitter den alten
Bauern Saverio Roncalli. Er gleicht seinem Bruder, Papst
Johannes, in erstaunlichem Maße. Ich hatte ihn früher
schon einmal gesehen, aber es sah nicht so aus, als erin-
nerte er sich daran. Im Gespräch mit uns gebraucht er das
Wort „Coraggio" (Mut)" und fügt dann in seiner harten
Sprache hinzu: „Sempre avanti (immer voran)".

Wir gehen dann in die Pfarrkirche, in der sein Bruder
getauft worden war. Dort singen wir gemeinsam Psal-
men, ein Alleluja und verweilen dann schweigend an dieser Stätte einer Kindheit. Als wir wieder aufbrechen
wollen, haben wir alle einstimmig den Wunsch, noch einmal das Haus von Saverio Roncalli zu sehen. Er ist immer

noch da. Ich erinnere ihn an seine beiden Worte. Er erkundigt sich, welcher von den Brüdern den Wagen fährt:

„Er fährt, und Sie geben den Segen." Dann fügt er mit erhobenem Finger hinzu: „Sempre Spirito (immer der Geist)" und als letztes Wort: „Mai paura (niemals Angst)!"

Wir hatten bei ihm nichts Besonderes gesucht. Der zu uns gesprochen hat, war ein armer, sehr alter Mann. Er ist sich nicht bewußt, was er durch ein paar Worte gibt. Aber vielleicht sollen wir wirklich nicht wissen, was wir vom Besten für die andern leben.

*

Bei Tisch meinte heute ein junger Venezolaner, in den ersten Jahrhunderten der Kirche sei in den Augen der Christen Häresie vor allem das Fehlen brüderlicher Liebe gewesen, nicht aber ein Weg außerhalb der Rechtgläubigkeit.

*

In der Kirche hörten wir heute als Lesung den Anfang des zweiten Petrusbriefes. Ich versuche, zuzuhören in der Haltung eines Menschen, der von einem Zeitgenossen Jesu einen Brief erhalten hat. Jedes Wort hat sein Gewicht. Der Glaube des Petrus! Das ist sehr viel in einem Menschenleben.

*

Heute morgen ebenso wie gestern gemeinsames Frühstück mit Jugendlichen. Ihr Vertrauen prägt uns. Haben sie wirklich keine Ahnung von dem Kampf, den gerade die Brüder, die sie schätzen, in sich selbst auszufechten haben?

Innerhalb weniger Jahre haben sich die Beziehungen zu

diesen jungen Menschen, die für ein paar Tage auf unseren Hügel kommen, gewandelt. Anfangs haben wir beim Gespräch mit ihnen nicht viel gewagt. Aber heute sprechen wir das an, was im Mittelpunkt unseres eigenen Lebens steht. Im Verlauf dieser friedvollen, schlichten Gespräche besitzt jeder Ausdruck und jeder Blick sein Gewicht.

*

Auf meinem Arbeitstisch steht ein Strauß purpurner und orangefarbener Blumen und darüber, den ganzen Strauß beherrschend, drei Sonnenblumen. Eine Umrahmung mit Efeublättern vervollständigt die Harmonie in der Vielfalt. Meine Augen bleiben nicht auf dem weißen Blatt Papier, das vor mir liegt: Unwillkürlich, aber unwiderstehlich heben sie sich, und das Herz ist übervoll.

Bei der Post heute morgen war ein Brief von O. Seine Lektüre berührte mich derart in meinem tiefsten Empfinden, daß ich kaum glauben kann, daß er an mich gerichtet ist: „Ich habe sehr an Dich gedacht und an unser Gespräch vor meiner Abreise. Du bist immer der Bruder, den ich mir wünsche ... Alles, was uns seit Jahren verbindet, erfüllt mein ganzes Herz und hilft mir, Gottes Willen zu erkennen trotz aller Widersprüche im Leben. Mit Dir gehe ich aus meiner Nacht ins Licht Christi."

*

Seit heute abend ist unsere Kirche überfüllt. Weshalb kommen gerade hierher so viele junge Menschen? Das Beste, was sie uns bringen, ist, daß sie unser Warten mittragen. Aber wie können wir ihre Erwartung stützen? Was können wir anderes tun, als ihnen zuzuhören, zu versuchen zu begreifen, was sie bewegt?

*

Heute früh beim gemeinsamen Gebet kommt mir plötzlich der große Wert meiner Brüder zum Bewußtsein, und ich bin zutiefst davon ergriffen. Sie geben ihr Leben, ihr ganzes Leben. Sie zahlen einen hohen Preis für ihr Engagement. Das verstehe ich besser als sonst irgend jemand. Doch dann weiß ich nicht mehr, ob meine Bewunderung meinen Brüdern gilt oder Christus, der sie gezeichnet hat.

*

Studenten haben mich gefragt, wie man eine Gemeinschaftsregel für ihr Internatsjahr ausarbeiten könne. Eine Regel! Was für ein juristischer Ausdruck! Nun, ich habe ihn selbst verwendet vor nunmehr zwanzig Jahren, als ich jenes Büchlein verfaßte, in dem ich die Leitlinien unserer Gemeinschaft aufzeichnete. Ich schlug ihnen vor, sich – von ihrer ganz konkreten Umwelt ausgehend – selbst zu befragen. „Gleich vielen jungen Menschen lehnt ihr jegliche Privilegien ab. Und doch wird euch euer Studium Privilegien verschaffen, möglicherweise werdet ihr Anteil an der Macht bekommen. Werdet ihr euch vorbereiten, über den Menschen zu herrschen oder ihm zu dienen?"

*

Das Gebet? Eine Welt. Es gibt Tage, an denen ich das Lobgebet nicht sprechen, sondern tanzen möchte. Ich habe mit Frau R. darüber gesprochen. Als ich ihr das erste Mal begegnet bin, habe ich sie mit ihren strengen, unbeweglichen Zügen für eine echte Puritanerin gehalten. Ich wußte nicht, daß sie treibende Kraft einer choreographischen Schule an einer amerikanischen Universität war. Eines Tages sah ich sie das „Stabat Mater" von Pergolesi tanzen – eine völlig verwandelte Frau.

*

Nach unserer Gewohnheit in Rom sind wir gegen 23 Uhr zur Hauptpost gegangen, um dort die letzten Briefe einzuwerfen. Ich gehe zusammen mit einem jungen Bruder, der morgen nach Nordostbrasilien abreist. Da er morgen in aller Frühe aufstehen muß, mich jedoch nicht wecken wollte, hatte ich ihm bereits den Segen gegeben, und wir hatten schon Abschied genommen. Nachträglich haben wir uns dann noch zu dem Spaziergang entschlossen.

Wir waren nur noch zwei Minuten vom Haus entfernt, als er mir mitteilte, was er seit Monaten für sich behalten hatte: Ein gemeinsamer Freund, der Priester ist, hatte seine Rückversetzung in den Laienstand beantragt.

Binnen weniger Sekunden wiederholte sich in mir eine ganze lange Geschichte. Getroffen und entdeckt hatte ich diesen jungen südamerikanischen Priester mit seinem klaren, offenen Gesicht auf dem Konzil, mit seinem großzügigen Lachen, seinem tiefgründigen, etwas traurigen Blick. Sein Bischof könnte nicht großmütiger sein, und der Sohn schaute so sehr auf den Vater. Da ich beide Menschen liebe, suchte ich zu begreifen.

Was wird aus diesem Priester werden, fern vom Priestertum? Dieser Schlag ist so schwer für mich, daß ich mich mit einmal gealtert fühle. Als ich danach wieder allein auf meinem Zimmer bin, kommen mir die Tränen, als ich versuche, das Geheimnis dieses Lebens zu erfassen.

*

Ein festlicher Vormittag. Gespräch im Staatssekretariat. Welcher Familiengeist, der menschlichen Art der Italiener eigen, herrscht im Vatikan! Die Führer der beiden Lifte sind alte Freunde. Am Ende der Galerie grüßt mich ein Schweizergardist. Ich frage: „Kennen wir uns vom Konzil her?" „Nein", erwiderte er, „aber ich war in Genf mit Ihnen zusammen auf dem Schiff des Papstes." Ein alter, müder Bischof sitzt da, mit einem Blick voll Traurigkeit. Wir wechseln einige Worte. Dann werde ich von zwei Priestern angehalten, die mich kennen. Der eine von ihnen ist der junge Bischof von S. in Mittelitalien. Nach meiner Besprechung fahre ich im Lift wieder abwärts, zusammen mit einem anderen italienischen Priester. Er erzählt mir, er sei mehrfach in Taizé gewesen. Beim Verlassen des Gebäudes erneute Gesten der Freundschaft son seiten derer, die für die Regelung des Empfanges sorgen – alles so schlicht und so menschlich: Gottes Antlitz auf den Gesichtern von Armen.

*

Den tiefsten Grund der Freude glaube ich bei mir darin zu entdecken, daß ich bereit bin, eines Tages das irdische Leben zu verlassen, um in ein neues Leben hinüberzugehen, das nie enden wird. Wie die Ewigkeit Gottes sein wird, berührt mich wenig; ich habe Besseres zu tun, als mir Bilder und Vorstellungen eines Paradieses auszumalen. Aber wissen, daß ich einmal in Frieden meine Augen schließen und Christus begegnen kann, ist für mich Grund zum Fest. Die Zustimmung zum eigenen Tod läßt mich einen Lebensstrom neu entdecken.

*

Heute war das Gespräch mit den Jugendlichen wie ein Faustkampf. Die von ihnen, die mir mit Fragen hart zusetzten, trieben mich in meine letzten Verteidigungsstellungen zurück. Bei mir selbst habe ich darüber gelacht, aber bisweilen blieb mir doch die Luft aus.

Wir sprachen von der Rolle Marias heute. Sie, eine Frau, wird uns eine Entdeckung ermöglichen. Die Kirche hat die Initiativen Männern überlassen. Maria lehrt uns, daß Initiative ebenso Sache der Frau wie des Mannes ist. Als erste Zeugin der Kirche fordert sie den Mann auf, sich von seinem Überlegenheitsgefühl freizumachen und sein autoritäres Wesen abzulegen, um Mitarbeiter Gottes zu werden.

*

Auf dem Kamin in meinem Zimmer steht ein Kalender aus Italien. Die Datumziffer für jeden Tag ist sehr groß und in Rot gedruckt. So kann ich mir immer den Tag vergegenwärtigen, den ich heute zu leben habe, diesen 7. Januar und kein anderer Tag: dieser Tag, der mir angeboten ist zur Freundschaft, zum Frieden und zur Freude. Zwar habe ich einen schlechten Brief erhalten, aber er hat das glühende Feuer nicht ausgelöscht.

*

Gestern abend hatte ich ein Gespräch mit einem jungen Dichter. Wenn man ihm zuhörte, wurde alles um uns herum wieder lebendig trotz der herrschenden Winterkälte, und wir ahnten die jungen Triebe unter den abgefallenen Blättern draußen in der Allee.

*

Campo Camara, ein Dorf in der Nähe der Sierra Sagra. Auf der Dorfstraße steigen wir aus und suchen möglichst schnell das Haus von Pedro Cano. Der Eingang, der zugleich Türe und Fenster ist, ist halb geöffnet. Ich stoße sie auf und sehe ihn, zusammengesunken auf einem niedrigen Stuhl, direkt neben dem Herd. Im Halbdunkel wirkt er noch ausgemergelter als vor einigen Jahren. Er streckt uns die Arme entgegen. Seine Augen leuchten. Er nimmt unsere Hände in die seinen. Leute aus der Nachbarschaft drängen sich mit den Angehörigen in den engen Raum mit dem Lehmboden. Pedro besteht darauf, daß wir etwas zu uns nehmen. Nur das Familienoberhaupt und wir drei Gäste haben Anrecht auf Speck, Wein und Bier.

Das Dunkel der Nacht bricht herein. Wir wollen zurückfahren. Als wir wieder auf der großen, asphaltierten Straße sind, fällt mir auf, daß wir alle drei schweigen. Was sollten wir einander sagen? Wir haben ein Antlitz Christi gesehen.

M. ist eingeschlafen. Sonst unterhält er uns oft im Wagen durch seine Geschichten. P. erhöht das Tempo. Man hört nur das Sausen des Motors. Mit hoher Geschwindigkeit durch die Nacht fahren – ein Traum meiner Kindheit.

*

In den letzten Wochen kommt A. Tag um Tag mit neuen Lasten heim, die bis an die Grenze des Erträglichen reichen. Seit sechzehn Jahren setzt er sich mit einer unglaublichen Energie dafür ein, daß sich die Lebensbedingungen der besonders schlecht gestellten Bauern ändern. Abends höre ich ihm eine Zeitlang zu. Ich teile seine Unruhe. Kann ich mehr tun?

*

In diesen Tagen ist der Druck, der von verschiedenen Seiten auf mich ausgeübt wird, so widerspruchsvoll, daß ich mich zu fragen beginne: Bin ich blind? Ist meine Ansicht der Dinge eine Illusion?

*

Vier Tage in Konstantinopel. Als wir uns auf dem Rückweg klarmachen, daß dort ein Mann von sechsundachtzig Jahren, der Patriarch Athenagoras, mit geringen Mitteln, einer komplizierten politischen Situation unterworfen, eine Ausstrahlungskraft besitzt, die in die Nähe und in die Ferne reicht, wächst unsere Hoffnung.

Ich habe Worte gehört, die man unmöglich wiederholen kann. Sie prägen, sie wiegen schwer. Ihm liegt an der Einheit unter den Orthodoxen, dafür lebt er. Seine Größe ist seine Weitherzigkeit. Bis zu meiner letzten Stunde werde ich ihn vor mir sehen, wie er beim Abschied die Hände erhob, als zeige er den Kelch der Eucharistie, und noch einmal sagte: „Der Kelch und das Brotbrechen – eine andere Lösung gibt es nicht; denken Sie daran …"

*

Junge Menschen aus allen Kontinenten sind gekommen. Gemeinsam werden wir eine Nachricht verkünden. Das Konzil der Jugend wird das Werkzeug zu ihrer Verwirklichung sein.

In der vergangenen Nacht wachte ich auf mit dem Gedanken: Du wirst es nicht schaffen, dir werden die Worte ausbleiben!

Heute nachmittag, als ich das Mikrofon in die Hand nahm, um das Konzil der Jugend anzukündigen, flüsterte mir ein junger Italiener ins Ohr: „Bruder Roger sprechen Sie laut; die Botschaft vom Konzil der Jugend muß verkündet werden." Wie gut er mich kennt.

Ich wiederhole mir: Gott erwartet uns jenseits des Ereignisses. Wenn wir dorthin gelangt sind, werden wir standhalten.

Unter den jungen Menschen ist auch Maximinio, ein junger Bauer aus Nordostbrasilien. Ein Armer unter vielen Armen. Als er in Lissabon ankam, besaß er weder Jacke noch Mantel. Er fragt sich, wie unsere Mägen drei Mahlzeiten am Tag bewältigen. Ich habe Maximinio gebeten, beim Mittagsgebet meinen Platz einzunehmen und sich auf meinen Schemel zu setzen. Eine ungewohnte Geste, die niemand verstanden hat.

*

Ein Mann, etwa vierzig Jahre alt, fragte mich ernsthaft, wie man einen zweiten Anlauf nehmen und an seiner Berufung festhalten kann. Für mich gibt es nur einen einzigen Weg: immer und immer wieder zum ersten Beginn zurückzukehren. Damals hatte der Entschluß, sein ganzes Leben zu geben, dichte Nebel zerstreut und Glück aufbrechen lassen. Wenn man die ursprünglichen Entdeckungen wieder in sich aufnehmen kann, gelangt man zu einer der Quellen für das Fest. Nicht nur einmal, viele Male kann man sich dann neu auf den Weg machen, bis zum Tod.

*

Heute morgen kam ein Brief von R. Der Bruder ist wieder krank. Auf seiner langen Rundfahrt durch Lateinamerika hat er mit eigenen Augen das Gesicht der zertretenen Menschen gesehen. Aber in seiner Einsamkeit, fern von hier, hat er zugleich die Dynamik einer neuen Generation begriffen. Und jetzt erhalte ich von ihm aus Buenos Aires dieses Geburtstagstelegramm: „Dein Fest sei ohne Ende ..."

Kampf
und Kontemplation

Heute können sich die Christen nicht der Nachhut der Menschheit anschließen. Sie können sich keine nutzlosen Kämpfe leisten, in denen sie sich selbst festfahren.

Wo darum gekämpft wird, den Stimmen der Verborgenen Gehör zu verschaffen und auf die Menschen aufmerksam zu werden, auf die niemand hört, ist der Platz der Christen in den ersten Reihen.

Ebenso stark erahnen die Christen zur gleichen Zeit, auch wenn sie das Schweigen Gottes umgibt, eine andere wesentliche Wirklichkeit: Der Kampf für die Menschen und an deren Seite findet seine Quellen in einem andern Kampf, der immer stärker in ihrem Innern geschieht, dort, wo kein Mensch dem andern gleicht. Dort, wo wir am Tor zur Kontemplation stehen.

Kampf und Kontemplation: Lassen wir uns so weit führen, bis sich unser ganzes Leben zwischen diese beiden Pole spannt?

(1970–1972)

An der Wand meines Zimmers hängen die Worte des kubanischen Schriftstellers José Marti: „Cuando otros lloran sangre, i qué derecho tengo yo para llorar lágrimas?" (Wenn andere Blut weinen, was gibt mir das Recht, Tränen zu weinen?)

*

Dom Hélder Câmara besucht uns und sagt bei seiner Ankunft ganz unvermittelt: „Roger, wenn Sie einmal nicht mehr sind, habe ich Angst um die Communauté." Diese Worte kommen mir völlig unerwartet. Ich versichere ihm, daß nichts zu befürchten ist.

Dom Hélder und ich haben einander vor acht Jahren entdeckt. Kein Schatten ist seitdem auf diese seltene Freundschaft gefallen. Er ist ein Mensch mit vielen Gesichtern, beweglich wie Quecksilber, voll Wärme in den bunten Bildern seiner Sprache, in seinen Gesten.

Ich sehe ihn vor uns, wenn er in Rom bei uns zu Tische war, ein Papier aus der Tasche zog, seine Brille aufsetzte und uns etwas aus der Rede vorlas, die er gerade vorbereitete. Da verwandelte er sich in einen anderen Menschen, der seine Überzeugungskraft einsetzt, um etwas Wesentliches weiterzugeben. Ich glaube, alle Reden, die er während des Konzils gehalten hat, wurden vorher an unserem Tisch vorgelesen.

*

Christus versteht alles im Menschen. Kann ich meinerseits in allen Situationen alles begreifen? Zwar nicht die Sünde gutheißen, durch die der Mensch den andern gefangennimmt, aber all die vielen „Warum" begreifen … Ja, so weit müßten wir kommen.

*

Freiheit muß teuer bezahlt werden. Kürzlich wollten uns einige großzügige Männer der Kirche ihre Sympathie bezeugen und boten uns Geld an, um die vielen Reisen von jungen Leuten quer durch die Welt zu bezahlen. Wir haben es vorgezogen, diese Spenden abzulehnen, um unsere Freiheit nicht aufs Spiel zu setzen.

*

In der Kirche bringt mir Martin eine Zeichnung, auf die er mit seiner Kinderschrift folgende Worte geschrieben hat: „Du wirst niemals alt werden." Ich frage ihn, wie er das meint. Er antwortete: „Ich werde dein Diener sein, ich bringe dir zu essen." Das siebenjährige Kind, still und aufmerksam, sitzt neben mir. „Ich bringe dir zu essen." Dieses Wort beglückt mich für lange Zeit.

*

Heute erwarte ich zum zweiten Mal einen jungen Arbeiterpriester. Ich war darauf vorbereitet, einen abgekämpften Menschen zu sehen. Indessen fand ich ihn jugendlich, gelöst, selbstbeherrscht, voll leidenschaftlicher Liebe. Helle, blaue Augen. Seine Züge, durch die körperliche Anstrengung gröber geworden, legen sich bei jedem Lächeln in viele Falten. Es ist das Gesicht eines Menschen, der arm geworden ist, an der Seite der Unterdrückten.

*

Elisabeth hat vor ihrer Abreise diese Worte niedergeschrieben: „Wenn ich mir alle Irrtümer meines Lebens vergegenwärtige, scheint es, daß sie sich darin zusammenfassen: Bald habe ich Christus verlassen um der anderen willen, bald habe ich die anderen um Christi willen verlassen. Mir war nie klargeworden, daß ich mich selbst verlassen sollte."

Die anderen um Christi willen im Stich lassen, sich saubere Hände waschen inmitten der Not der Menschen von heute – oder Christus aufgeben, nur sich für die anderen und für die Gerechtigkeit zu engagieren: diese Alternative zerreißt und zerbricht einen. Niemals Christus ohne die Menschen! Niemals die Menschen ohne Christus!

*

Wenngleich ich von den alten Traditionen geprägt bin – indem ich vielen jungen Menschen zugehört habe und auf ihre inneren Auseinandersetzungen aufmerksam gewesen bin, beginne ich gewisse Angstreflexe abzulegen. Trotz meines Willens zur Offenheit – wo würde ich heute stehen ohne die Tausende junger Menschen hier auf unserem Hügel?

*

Gestern wurde die Anwesenheit eines jungen afrikanischen Bischofs bekannt. Ich treffe ihn mittags vor dem gemeinsamen Gebet. Wir sitzen einander gegenüber. Nach wenigen Minuten wird mir klar, daß dies eine außergewöhnliche Begegnung ist, und doch haben wir uns keine großen Dinge gesagt. Noch viele andere warten auf mich. Ich lade den Bischof zu Tisch. Dabei will ich ihn bewegen, einige Tage zu bleiben.

Am Abend treffen wir uns wieder in meinem Zimmer. Da bittet er ganz unvermittelt, ihm zu helfen, sich selbst besser zu verstehen und ihm Fragen zu stellen, um wirklich Mensch sein zu können. Ich bin einverstanden, jedoch auf der Basis der Gegenseitigkeit. „Haben Sie keine Bedenken, mir zu nahe zu treten", sagte er. Ich wäre dazu gar nicht imstande. Er will mit seinem Vornamen Stanislas angesprochen werden. Er erzählt von seiner Kindheit, von seiner Liebe zu seiner Familie. Vater und Mutter waren noch Animisten; seine Generation hat das Christentum angenommen. Da er Theologe ist, kommt er wiederholt auf Irenäus zu sprechen: Auch dieser Denker des zweiten Jahrhunderts war Bischof einer jungen Kirche.

*

Das dritte Gespräch mit Cipriano wird mir im Gedächtnis bleiben. Er erzählt mir seine Überlegungen der beiden Wochen hier. Dann macht er mir mit Nachdruck klar, daß er das Leben, das er in Taizé kennengelernt hat, bei sich zu Hause in Zentralamerika übertragen möchte. Ich lege ihm nahe, sich lieber ganz in sein eigenes Land zu integrieren, ohne etwas kopieren zu wollen. Zum Schluß sage ich: „Vergiß Taizé!" Es tut mir weh, so zu sprechen; aber wir werden uns verlassen, ohne uns wiederzusehen. Die Glocken läuten; es kommt darauf an, Worte zu finden, die verständlich sind. Taizé vergessen: uns vergessen, seine Freunde! Es ist unmenschlich, das von ihm zu fordern– wird er es können? ... Solche Gespräche, besonders wenn mehrere aufeinander folgen, sind aufreibend.

*

Vor einigen Jahren erzählte ich einem nichtgläubigen Wirtschaftsfachmann von bevorstehenden Gesprächen mit Männern der Kirche. Er sagte: „An diesen Gesprächen über das Geld und die Macht in der Kirche werden Sie zerbrechen. Man zerschellt an der Mauer des Geldes." Ich habe die Gespräche geführt, und es war tatsächlich ein kompletter Mißerfolg. Dennoch bin ich nicht zerbrochen.

*

In Eboli. Weiter ist – wenn man dem Romancier Carlo Levi glauben will – Christus nicht gekommen. Jenseits dieses Punktes gibt es nach seiner Meinung nur Trostlo-

41

sigkeit und Elend. Wir fahren in hohem Tempo am Fuß des Berges entlang, das Futtergras steht noch hoch, Olivenbäume und Platanen voll gelber Blätter säumen die Straße. Dann taucht der Wagen plötzlich in eine enge, sonnenlose Schlucht, und unvermittelt sehen wir, an einen Berghang geschmiegt, das Städtchen Campagna vor uns.

Der Wagen hält auf einem Platz am Fuß eines hohen weißen Palazzo. Wir gehen zu Fuß weiter, bergauf, bergab, klettern enge Gäßchen hinauf, in denen es von Kindern wimmelt.

In einem großen Raum, der durch die offene Tür sein Licht erhält, ist ein Stuhlflechter am Werk. Er erzählt uns von seinem Leben. Wenn es kalt ist, entzündet er ein Feuer in einem Winkel des Raumes. Der Rauch steigt zum rußglänzenden Gewölbe auf und zieht durch ein Rauchloch ab. Der Mann sagt, er sei alt. Er ist noch rüstig, man sieht ihm das Alter nicht an. Er hat, als er noch jünger war, sieben Jahre lang in Deutschland gearbeitet. In seinen Augen leuchtet ein grüner Widerschein. Das Lächeln seines zahnlosen Mundes, seine ausgemergelten Züge verraten ein kampfreiches Leben. Je länger er sich bemüht, zu erklären, wie er hier lebt, desto mehr beeindruckt mich die verhaltene Leidenschaft, die kontemplative Kraft dieses Mannes. Nein, Christus hat nicht in Eboli haltgemacht. Er ist nach Campagna aufgestiegen, er ist da, und dieser Mann gibt Zeugnis für ihn, ohne es zu wissen. Ich möchte es ihm sagen, doch irgend etwas hält mich zurück. Den ganzen Nachmittag hindurch verfolgt mich das Gesicht dieses Mannes. Warum habe ich nicht gewagt, ihm zu sagen, daß wir Christen sind und daß wir ihn, den wir suchen, in seinem Haus gefunden haben?

*

In dieser Woche hatte ich täglich ein Gespräch mit einem jungen italienischen Priester. Warum muß die Unruhe in der Kirche so weit gehen, daß sie diesen Menschen innerlich zermürbt?

In ihm fühlte ich mich der Heiligkeit ganz nahe. Manchmal konnte ich ihm nichts anderes sagen als: „Weinen Sie sich aus." Einmal holte ich sogar für ihn ein Taschentuch aus einer Schublade. Ihm blieb nur das Weinen – denn es ist nicht möglich, einen solchen Kampf allein, stumm und schweigsam, auszutragen. In diesem Gegenüber, von Angesicht zu Angesicht, habe ich gespürt, was es für einen Menschen bedeuten kann: im Stich gelassen zu sein. Es sind gerade schweigsame Menschen, die Gemeinschaft ausstrahlen. Sie bezahlen dafür einen hohen Preis.

Die Tage vergingen, und mir erschien immer wieder das Gesicht Christi in diesem Priester, der vom Kampf stark gezeichnet ist. Der tiefe Blick konnte nichts von dem verbergen, was er schon durchgekämpft hat. Er führte mich in eines der größten Geheimnisse: die Hingabe des ganzen Lebens für andere geschieht unter dem Risiko, sich selbst völlig zu verlieren.

Als wir uns nach so vielen Tagen menschlicher Nähe trennten, kniete ich nieder, um seinen Segen zu empfangen. Er verstand, daß ich keine Gegenseitigkeit wünschte.

*

Ein Bruder erzählt uns, was meine Schwester Geneviève über unsere ersten Jahre in Taizé gesagt hat: „Es war eine Zeit großer Traurigkeit. Es war Krieg. Wir nahmen damals verfolgte und gehetzte Menschen auf. Aber einige Leute aus der Umgebung, die sich selbst auf die sichere Seite bringen wollten, wandten gegen uns Mittel und Methoden an, die schwere Konsequenzen hatten." Gegen Geneviève wurde eine schriftliche Anzeige erstattet, die sie in höchste Gefahr brachte.

In dieser Zeit wurde mir klar, wozu der Mensch dem Menschen gegenüber fähig ist. Ich kann den Zeitpunkt, als mir dies aufging, noch genau angeben. Ich stand am Waldrand, als ich das Unglaubliche erfuhr. Ich kehrte nach Hause zurück und blieb auf der kleinen Treppe neben meinem Zimmer wie versteinert stehen. Ich war mir im klaren, ich werde in keinem Augenblick Rache suchen.

Dies alles schreibe ich 24 Stunden später, als ich darüber gesprochen, nieder, um mich davon zu erleichtern.

*

Am heiligen Abend kehrten drei junge Leute aus Spanien zurück. Sie hatten sich einen Monat dort aufgehalten und sprachen mit großem Ernst von ihren Eindrücken. Es sind Berichte, die deprimieren können, aber dennoch keine Niedergeschlagenheit aufkommen lassen. Beim Essen nach dem Mittagsgebet wurde ihre Rückkehr gefeiert. Das Fest mitten im Kampf, das Fest beim Mahl, rund um den Tisch. Eine kleine Gemeinschaft, die in einer Erwartung steht und die weiß, was die Gegenwart, die sich in ihrer Mitte verborgen hält, bedeutet. Vor meinem Geist ziehen die Tischgemeinschaften unter den Christen in ihrer fast 2000jährigen Geschichte vorüber. Miteinander teilen, einfache Herzen haben – das ist ausreichend, um neuen Kämpfen entgegenzugehen.

*

Das Feuer, das den ganzen Tag immer wieder angeblasen wurde, brennt am Abend mit einer leuchtenden Glut.

Hinter den Fenstern glitzert der hartgefrorene Schnee. In meinem Zimmer höre ich mit Alain das C-moll-Konzert für zwei Cembali und Orchester von J. S. Bach. Der Jubel mancher Stellen übertrifft alles, was wir in Worten sagen könnten. Dieses unerschütterliche gegenseitige Vertrauen seit mehr als zwanzig Jahren ...

Ein anglikanischer Bischof besucht uns. Als einziger Priester war er im Jahr 1949 dabei, als die ersten Brüder ihre Bindung für das ganze Leben eingingen: Das heutige Tischgespräch ist ein Gedankenaustausch über unsere Wege und unsere Eindrücke.

Auch bei der Einweihung der Kirche am 6. August 1962 war er dabei. Würden wir heute noch auf den Gedanken kommen, ein Gebäude einzuweihen? Ich wünschte, diese Kirche wäre in die Erde eingesenkt – wie eine Katakombe, die in die Tiefe hinabreicht. Gehört sie mit ihrer Höhe von acht Metern nicht bereits einer anderen Zeit an?

*

Ein Christ aus einem Nachbardorf schreibt: „Ich möchte, daß Sie wissen, wie sehr wir Sie hier in unserem Weinland von Mâcon brauchen ..." Ich halte diese Zeilen fest, weil sie aus unserer Heimat stammen, die doch seit Jahrhunderten ein steiniger Boden ist.

*

Für die Ostertage in diesem Jahr erwarteten wir nicht viel mehr Besucher als im vergangenen Jahr – nun haben sich bereits 6000 schriftlich angemeldet. Wir sind gezwungen, einen Teil der Kirchenfassade niederzureißen, um den Kirchenraum durch ein großes Zirkuszelt zu ergänzen. Dieser rasch gefaßte Entschluß fiel uns nicht leicht. Was vor uns liegt, wird von uns viel mehr Beweglichkeit und Anpassung verlangen, als wir geahnt hatten.

*

Ich spreche mit einer Gruppe aus Toulouse. Plötzlich kommt mir die Erinnerung, wie ich einmal nachts aus Toulouse zurückkehrte. Ich glaube, es war im Winter

1966. Am Abend hatte ich in einer Sporthalle gesprochen, ich mußte in einen Boxring steigen. Als ich auf der Heimfahrt im Nachtzug allein war, sagte ich mir immer wieder: Roger, nach diesem Abend mußt du Schluß machen. Du darfst keine Einladung mehr annehmen, vor so großen Menschenmassen zu sprechen. Ich vergaß, daß ein anderer uns führt, und zwar oft dorthin, wohin wir nicht wollen.

*

Die ganze Woche hatten wir Massaru, einen jungen Japaner, bei Tisch. Um Christ zu werden, hatte er sich zunächst die Begriffe und geistigen Strukturen des Westens aneignen müssen. Die Missionare wollten es so. Das Verständnis des Evangeliums ging ihm erst auf, nachdem er sich von der westlichen Geistigkeit frei gemacht hatte. Ich sagte ihm: „Übernehmen Sie an meiner Stelle den Vorsitz bei Tisch, nehmen Sie uns an, wir sind Ihre verlorenen Söhne, Männer des Westens, wie Ihre Missionare." Massaru führte den Vorsitz mit unvergleichlichem Humor und Takt.

*

Auch in New York bleibe ich meinen ländlichen Gewohnheiten treu. Gegen vier Uhr morgens springe ich aus dem Bett, um nach dem Wetter zu sehen. Der Himmel ist noch dunkel, während er sich in Taizé schon um drei Uhr morgens zu färben beginnt, so daß ich den Atem anhalte, wenn das neue Licht aufbricht.

Gegen sechs Uhr gehe ich in die Küche und finde dort Beatrice, eine alte Brasilianerin. Sie ist klein, schwer; das Gehen macht ihr Mühe. Sie hat in ihrem Leben die schwersten Prüfungen durchgemacht: sie wurde gedemütigt, sie wurde verlassen. Sie ist überströmende Güte. Ihr ganzes Leben lang war sie darauf aus, andere zu lieben.

Vor zwei Jahren wurde sie wegen eines Krebsleidens operiert. Damals sagte sie: „Es ist besser, daß Gott mich dafür ausgewählt hat, denn ich weiß, wie man leidet." Beim Abschied küßte ich die Hand dieser alten brasilianischen Köchin mit den Worten: „Ich möchte die Hand einer Heiligen küssen." Sie antwortete: „Das sollen Sie nicht sagen, es ist eine Häresie; sagen Sie lieber, einer Missionarin." Ich entgegnete: „Eine Heilige ist, wer Zeugnis gibt für Christus, und das tun Sie mehr als viele andere." Ihre Augen füllten sich mit Tränen. Ihre Stirn war dunkel, fast schwarz, durch die Flecken der Kobaltbehandlung. Ich fügte hinzu: „Wir werden gemeinsam für die Männer der Kirche beten, damit sie vor der Zukunft keine Angst mehr haben, und noch weniger vor den jungen Menschen." Ich hörte gut, was sie mir antwortete: „Bei den Jugendlichen soll man nie die Leine ziehen, wenn man sie zum Nachgeben bringen will. Nur Gutsein zählt."

*

Ein befreundeter Physiker fragt mich: „Wie gelingt es Ihnen, Treffen mit so großer Teilnehmerzahl ohne Bürokratie, ohne Schalter durchzuführen?" Wenn er wüßte, welche unaufhörliche Überprüfung aller Einzelheiten das erfordert! Weiter sagt er: „Christus hat durch seine wachsende Autorität, durch die Zahl seiner Zuhörer die führenden Männer beunruhigt, Juden und Römer. Das verzeihen Männer in solcher Stellung nicht. Sie bekommen Angst und setzen alles daran, um das Ende herbeizuführen."

*

Wieder einmal mußte ich einem jungen Mann aus Mittelamerika darlegen, daß ich gar keine Ratschläge geben will, daß wir alle von unserer eigenen menschlichen Armut aus vorstoßen müssen und daß er nicht nach einem „Geist von Taizé" suchen sollte. Er antwortete ein wenig temperamentvoll, wenn nicht gar heftig: „Es ist schon ein Geist, wenn man keinen haben will."

*

Da seit einigen Jahren katholische Brüder zu uns gehören und wir mit ihnen in unserem Haus in der gleichen Gemeinschaft leben, konnten wir einen neuen schöpferischen Weg finden: Wenn man beginnt zusammenzuleben, dauert es nicht lange, und es bildet sich eine gemeinsame Treue heraus.

*

Der Vormittag geht seinem Ende zu. Mir bleiben noch fünfunddreißig Minuten für sieben Gespräche; eines folgt dem andern.

Henri, ein junger Franzose, ist aus Portugal heimgekehrt und berichtet von einem dramatischen Augenblick seiner Reise. Er und seine Braut wären fast getötet worden. In der ganzen Stadt herrschte Terror. Eine Granate streifte Henris Kopf. Dann überreicht er mir einen Ölzweig. Diesen Zweig hatte ihm ein junger Portugiese gegeben, der in den Krieg nach Angola fuhr. Dabei sagte er: „Ich werde niemals ein Soldat sein. Ich bin ein Mensch, als Soldat gekleidet. Es ist mein Beruf, mich mit Ölbäumen zu beschäftigen, mit den Bäumen des Friedens. Ich hatte wirklich nie daran gedacht, ein Gewehr zu gebrauchen. Und heute geht es nach Afrika. Ich bin ein Mensch, als Soldat gekleidet; aber ihr sollt wissen: was immer mir auch geschieht, ich werde ein Mensch bleiben."

Nach Henri kommt Helder, ein 18jähriger Portugiese. Ich schlage ihm vor, morgen mittag mit den anderen jungen Portugiesen – José, Antonio, Fernando, Manuel – bei uns zu essen. Was können wir miteinander tun?

Die Zeit drängt. Andere warten noch. Ich höre das Lachen der jungen Ehepaare. Aber in mir geht noch der Gedanke an die Menschen um, die, als Soldaten gekleidet, ihre Heimat verlassen und in einen sinnlosen Kampf ziehen.

*

Ich vertraue auf die Ideen dieser jungen Menschen aus so vielen Ländern, die sich hier versammeln, wieder abreisen, suchen, beten, wiederkommen. Wenn ich in diesen heißen Augustnächten manchmal allein unter einem Himmel voll Sternen wandere, während Tausende von Jugendlichen auf dem Hügel sind, sage ich mir: Die vielfältigen Vorstellungen dieser jungen Menschen sind wie diese Sterne, lichtvolle Hoffnungen in meiner Nacht. Noch läßt sich nichts erkennen, und dennoch ist meine Nacht ein Fest, erleuchtet und erfüllt von einer unbändigen Hoffnung. Zukunft und Jugend gehören zusammen. Nein, ich habe keine Sorge um die Zukunft. Ein Frühling der Kirche steht vor der Tür. Bald wird uns sein Feuer erwärmen.

*

Besuch eines Bischofs aus dem Ausland. Gerne würde ich ihm zuhören, aber sein junger Generalvikar bombardiert mich mit Bemerkungen und Fragen. Gleich bei der Ankunft fühlt er sich gehalten, mir eine wenig erfreuliche Äußerung eines evangelischen Pfarrers zu hinterbringen. Ein Ökumenismus, in dem der eine gegen den andern wetteifert. Ich bin betroffen und versuche, zu einem anderen Thema überzugehen. Vergeblich. Um seinen taktlosen Fragen zu erwidern, lege ich ihm zweimal Texte vor. Er fährt unbeirrt fort, während der Bischof schweigt. Schließlich schlage ich meinen Besuchern vor, die Texte schweigend zu lesen. Ich lege die Schallplatte mit dem

Trompetenkonzert in C-Dur von Valentini auf. Es ist das erste Mal, daß ich von diesem Mittel Gebrauch mache, um albernes Gerede abzuschneiden.

*

Ich habe an Michel nach Recife geschrieben: „Wenn ich durch Briefe ausdrücken könnten, was uns verbindet, müßte ich Feuer benützen, um Dir zu schreiben." In den Widersprüchen, in die wir unmittelbar durch unsere Berufung gestellt sind, trägt mich der Mut dieses Bruders, um weiter vorwärts zu gehen.

*

Frau Gandhi sendet mir eine Antwort, die einen fast entmutigen könnte: „Es ist ihrerseits sehr freundlich gemeint, wenn Sie uns mitteilen, daß freiwillige Helfer bereit sind, in den Flüchtlingslagern zu arbeiten. Ich meine jedoch, daß diese Freiwilligen einen größeren Beitrag leisten können, wenn sie in ihrem Land die öffentliche Meinung wachrütteln."

Immer die gleiche ablehnende Haltung des Südens dem Norden gegenüber. Bewußtseinsbildung im eigenen Land. – Wir sind wohl einverstanden und dazu bereit, auch wenn uns das sehr weit, sogar bis ins Gefängnis führen kann, wie einer meiner Brüder sagte. Aber die Gemeinschaft, in der wir aufeinander angewiesen sind, kann sich nicht allein darauf beschränken.

*

Seit gestern abend Treffen mit dem Generalsekretär des Weltkirchenrates, Eugene Carson Blake. Gegen Ende des Gesprächs erklärt er: „Mein Leben lang war ich Leiter kirchlicher Institutionen. Immer wußte ich, was ich sagen oder tun sollte. In der heutigen Situation weiß ich es nicht mehr." Ich frage ihn: „Kann ich heute abend in der Kirche vor den jungen Leuten wiederholen, was Sie soeben ausgesprochen haben?" Er ist einverstanden. Aber ich werde folgendes hinzufügen: Gerade wenn wir in der Wüste sind, können wir auf ein Prophetenwort warten.

*

Langes persönliches Gespräch mit Paul VI. Der Mystiker gewinnt in ihm die Oberhand. Er sucht den Plan Gottes zu verstehen. Wenn ich mit ihm über die jungen Leute spreche, ist er sehr offen und begreift, was ich meine. Noch nie habe ich von ihm eine Warnung gehört.

Am Ende des Gespräches sage ich Worte, die auszusprechen ich nicht beabsichtigte: „Der Name Taizé ist schwer zu tragen. Es gibt Tage, an denen ich wünsche, er würde nicht mehr genannt." Der Papst antwortet: „Der Name Taizé kann nicht verschwinden." Und er zieht einen großzügigen Vergleich mit einem historischen Vorbild. Dann fügt Paul VI. hinzu: „Als wir uns zum ersten Mal trafen, sagten Sie mir, sie seien Pilger, die unterwegs sind – das habe ich immer im Gedächtnis behalten." Das muß bei unserem Gespräch im Jahre 1949 gewesen sein. Ja, wir sind Pilger, arm an Mitteln. Der Papst sagt zum Schluß: „Auch ich bin ein Armer."

*

Ostermorgen. Nach der Eucharistiefeier waren es so viele, die mir den Auferstehungsgruß bringen wollten, daß ich innerlich über meine Grenzen lachen mußte. Ich erfand eine Geste: ich drückte den Kopf derer, die ununterbrochen vorbeiströmten, an meine Schulter. Der eine oder andere sagte ein Wort, manchmal ein sehr ernstes Wort. Wie vielen Blicken bin ich innerhalb von zwei Stunden begegnet. Wie viele sind auf der Suche nach einem verlorenen Land.

In diesen Ostertagen hat es uns alle wie durch einen sturmbewegten Ozean getragen. Es hat uns mitgerissen, trotz der schweren Spannungen und Kämpfe, die durch gegenwärtige und kommende Widerstände hervorgerufen werden. Als freie Menschen stehen wir in einer Neuschöpfung. Daher wissen wir, was wir suchen. Nichts ist zu befürchten.

Im Menschen ist ein Leben verbor-
gen, aus dem seine Hoffnung ent-
springt. Durch dieses Leben tut sich
für ihn persönlich und gesellschaftlich
eine Zukunft auf.
Wagst du, davon auszugehen?
Ohne diese in deinem Innersten ver-
ankerte Hoffnung, ohne diese Zu-
kunft, die dein Dasein übersteigt,

Aufbruch ins Ungeahnte

verlierst du die Lust, voranzugehen.
Keine Hoffnung, die lediglich deine
Wunschvorstellungen wiedergibt, son-
dern eine Hoffnung, die dich selbst in
aussichtslosen Situationen noch dazu
drängt, ins Ungeahnte aufzubrechen.
In der verborgenen Begegnung mit
Christus kannst du sogar auf den plötz-
lichen Abbruch offenbar unausweichli-
cher geschichtlicher Entwicklungen
warten.
Solche Hoffnung entfacht eine schöpfe-
rische Kraft, die alle Zwangsläufigkei-
ten von Ungerechtigkeit, Haß und
Unterdrückung sprengt.
In der verborgenen Begegnung wächst
Hoffnung, Hoffnungs durch einen an-
deren. Sie entwirft die Welt neu.

(1972–1974)

Jedem Alter wird eine andere Harmonie gegeben. Warum den körperlichen Verfall fürchten, da doch die Jahre einen inneren Blick mit sich bringen, die Sanftheit eines Hauchs? Sollte es das Wehen des Heiligen Geistes sein? Sollte sie das sein, die Seele des Menschen: der verborgene Pulsschlag eines unbeschreibbaren Glückes?

Ein Tag ist erfüllt, wenn er verkürzt ein ganzes Leben widerspiegelt. Jeder Augenblick eines Tages hat seine eigene Besonderheit. Das Staunen wiederfinden für die tausendvierhundertvierzig Minuten jedes Tages. Das Staunen wiederfinden für die beiden kleinen Steine, die Marc mir vor Jahren geschenkt hat. Der kleinere ist ganz abgeplattet, hat eine düstere Farbe und zarte Streifen. In der Mitte zeichnet sich ein Kreis ab.

Jeder Tag kann Enttäuschungen kennen, Aggressionen, bitteren Geschmack. So viele Fallen, in denen das Staunen sich verfängt.

Jeder Tag kennt vor allem die Erwartung Seiner Wiederkunft.

Ein Tag ist erfüllt, ist weit, wenn auch das Härteste den Hauch der Fülle nicht aufzuhalten vermag.

*

Pfingstdienstag. Einige Kilometer von hier ist ein junger Mann bei einem Autounfall tödlich verunglückt.

Nach dem Mittagessen traf ich mit dem Fahrer des Kleinbusses zusammen.

An dem Unfall hatte er keine Schuld. Im Gegenteil: bei dem Versuch, einem Motorradfahrer auszuweichen, kam er von der Straße ab, wo sich der Bus überschlug.

Er saß in der Kirche auf einem Hocker. Sein Blick schien durchsichtig wie tiefe Wasser vor dem Sturm. Wir sprachen kein Wort. Ich blieb stehen, die Hand auf seinem Kopf. Nach und nach kamen die andern, die in dem verunglückten Wagen gewesen waren, herein. Sie wußten noch nicht, daß Hans-Peter im Krankenhaus gestorben war. Sie entnahmen es unserem Schweigen, so wie sie nacheinander hereinkamen. Ich fing an zu beten, andere stimmten ein in eine lange und nüchterne Litanei.

Später erzählten sie mir, daß der siebzehnjährige Elektromechaniker Hans-Peter erst vor kurzem wieder zum Glauben gefunden hatte. Der junge Fahrer war ihm darin besonders nahegestanden.

*

Abend mit einem jungen Paar, Gewerkschafter. Gegenwärtig sind sie in ihrem Kampf auf einem Tiefpunkt angelangt und kommen nicht weiter. Sie fühlen sich im Stich gelassen von den Jungen, denen es hauptsächlich um ihre wirtschaftliche Besserstellung geht. Wir fragen uns: Wie kann man über die Hindernisse hinwegkommen? Jede leidenschaftliche Suche kennt Tiefpunkte. Jenseits der augenblicklichen Situation der beiden liegen neue Ufer. Und sie wissen, wo sie eine Neugeburt finden.

*

Vor der Abreise ein Augenblick mit Edith und ihrem Mann. Seit nahezu 40 Jahren hatten wir uns nicht mehr gesehen. Als meine Eltern mich bei Ediths Mutter in Pension gaben, war sie verlobt. Sie sagte, ich hätte damals vor allem mit ihrer Mutter gesprochen und sie habe sich mir damals nicht gewachsen gefühlt. Dabei war ich selbst damals eingeschüchtert durch ihren Ernst, den ich für Hochmut hielt!

Ich erinnere sie daran, daß es ihrer Familie verdanke, den katholischen Glauben von innen kennengelernt zu haben. Erinnern Sie sich noch, Edith, an die eucharistische Frömmigkeit Ihrer Mutter? Sie hatte viele Anfechtungen zu tragen, aber gerade daher rührte ihre Ausstrahlungskraft.

Gleich nach diesem Gespräch stieg ich in den Zug, wo

ich das Gespräch mit mir selber fortspann. Erinnern Sie sich noch, Edith, an die Epiphaniasfeier am 6. Janur 1929 oder 1930? Diese festlichen Augenblicke haben in mir Fragen aufgeworfen, sie haben an mir gearbeitet. Und Epiphanias ist für Taizé ein wichtiges Fest geworden.

*

Eine Gruppe Finnen in meinem Zimmer. Alle evangelisch. Sie haben ihr Land von Süden nach Norden durchzogen, um Beziehungen mit jungen Menschen zu knüpfen. Kern der Gruppe ist ein Ehepaar.

Er, Taisto, schweigsam, blond, kraftvoll, ein echter Vertreter der Menschen des hohen Nordens, läßt das Wort seiner Frau Anna-Maija, einer Dichterin und Schriftstellerin von einer überströmenden Lebenskraft. Von Zeit zu Zeit ergänzt er, was sie sagt. Auf einem Atlas zeigen sie mir die Orte, wo Treffen von Jugendlichen stattfinden. Einige dieser Orte liegen an den Ufern des Inarisees, nördlich vom Polarkreis. Das Wort zaubert die Mitternachtssonne in unseren Blick. Wie in einem flüchtigen Blitz werden Düfte der Wildnis und kümmerliche Rentierflechte gegenwärtig.

*

Unter den vielen, denen ich heute morgen begegnete, war eine junge Mutter; es fiel ihr schwer, vom Tod ihres einzigen Sohnes, des zehnjährigen Peters, zu sprechen. Es verschlug mir den Atem, aber ich versuchte, ihr ein paar Worte zu sagen: „Sie sind jung, ich werde vor Ihnen in die Ewigkeit Gottes eingehen. Dann werde ich mit Peter sprechen, das verspreche ich Ihnen. Und jetzt, in diesem Augenblick, weiß Peter, daß wir hier sind."

Weine, Seele meiner Seele, über die Not so vieler Menschen, denen ich heute begegnet bin. Er hat es übernommen, den Weg zu bahnen. Mein Fuß stolpert auf dem

steinigen Pfad ... Dennoch, wage, weiterzugehen, ohne
zurückzuschauen, geh weiter auf das Staunen, auf das
Ungeahnte zu.

Und wenn die Freude Gottes im Menschen der letzte
Sinn des Lebens wäre?

*

Mittagessen mit jungen Afrikanern. Die Improvisation
hat uns einen Streich gespielt. Zwar macht es das Leben
ungezwungener, wenn man die Dinge nicht zu sehr im
voraus organisiert, aber man muß dann auch die Folgen
tragen. Man hatte zwar die Platten zur Verlängerung des
Tisches eingesetzt, aber das als Tischtuch verwendete La-
ken war ungebügelt und das Essen mager. Der Schinken
dünn wie Zigarettenpapier! In der Küche gab es nichts als
Brot, um die Körbe zu füllen!

*

Je mehr die Jahre vergehen, desto näher stehen mir die
Eltern meiner Brüder. Anthonys Vater und Mutter sind
hier. Ich sehe sie unter den Bäumen vorbeigehen. Unverzüglich verabschiede ich mich von dem jungen Paar, mit
dem ich mich unterhielt, um zu ihnen zu eilen. Ich umarme sie spontan, wobei ich ganz vergesse, daß das in
England nicht Brauch ist. Wir gehen in mein Zimmer. Die
Unterhaltung übertrifft meine Erwartungen. Da Anthony
ihr einziger Sohn ist, hätte ich ihnen am Schluß gerne gesagt, daß wir immer für sie da sein werden, was das Leben
auch bringen mag. Aber ich habe nicht gewagt, es auszusprechen.

*

Der Bürgermeister eines benachbarten Dorfes hat einen meiner Brüder angerufen. Eine kinderlose Witwe ist gestorben. Als der Notar ihr Testament öffnete, stellte sich heraus, daß sie ihr Haus und ihren Grundbesitz unserer Communauté vermacht hat. Unverzüglich schreiben wir, daß wir diese Erbschaft nicht annehmen, wie die Communauté immer alle Geschenke abgelehnt hat.

*

Eine junge Deutsche sagte beim Abschied: „Wenn wir zu uns zurückkehren, sind wir in der Welt. Sie, Sie bleiben hier." Und doch trägt der Mensch die „Welt" überall mit sich. Im Gewimmel der Massen, im Alleinsein, ja bis in seine Träume hinein, wo er sich im Schlaf von allem abgeschnitten wähnt, hat er die „Welt" mit sich.

*

Marseille. Wir waren in die Krypta der St.-Viktors-Kirche hinabgestiegen, um zu beten. An diesem Ort versammeln sich die Christen seit dem 3. Jahrhundert. Als wir aus der Krypta heraufkamen, fand gerade eine Trauungsfeier statt. Zwei junge Afrikaner. Sie ist ganz in Schleier und Spitzen gehüllt. Der Priester fordert die wenigen Anwesenden auf, den Vermählten den Friedenskuß zu geben. Ich trete zu ihnen und sage ihnen, daß ich sie im Namen ihrer Eltern umarme. Sie nennen mir ihre Vornamen: Marie-Claude und Alex.

*

Heute früh ist Christoph gestorben. Ich möchte zu meinen Brüdern gehen, denn auch sie leiden unter diesem Riß, aber eine Stunde des Alleinseins beruhigt. Bis zum letzten Augenblick hatte ich gehofft, er würde bei uns bleiben, wenn auch als Kranker. Seit Monaten, lange vor seinem Unfall, sah ich ihn unter uns wie einen „Starez" leben.

*

Intensives Nacherleben eines Sommerabends im Jahre 1942, als ich noch allein war in Taizé. Ich saß damals an einem kleinen Tisch und schrieb. Ich wußte mich in Gefahr wegen der politischen Flüchtlinge, die ich im Hause beherbergte. Schwer hing die Drohung einer Verhaftung über mir. Eine Gruppe Zivilpolizisten, die auf Streife war, kam mich zu verhören. An jenem Abend, als die Angst mein Herz zusammenschnürte, stieg ein Gebet in mir auf, mit dem ich Gott anrief, ohne wirklich zu verstehen, was ich sagte: „Nimm mein Leben, wenn du es für gut befindest, aber gewähre, daß das, was hier begonnen hat, weitergehe." Und was hatte hier vor zwei Jahren begonnen? Vor allem Gastfreundschaft und das einsame Gebet.

*

Manche Menschen bewahren eifersüchtig eine Flaschenscherbe in ihrem Herzen, von der sie sich nach Belieben kratzen lassen und mit der sie Gefahr laufen, auch in ihrer Umgebung Kratzer auszuteilen.

*

Gestern trafen wir im Wartesaal des Bahnhofs von Mâcon drei algerische Arbeiter, Auswanderer. Wir unterhalten uns mit ihnen. Zwei von ihnen haben kleine Kinder. Einmal im Jahr verbringen sie einige Wochen bei den Ihren in Nordafrika. Ohne irgendwelche Zeichen von Enttäuschung sprechen sie von ihren Schwierigkeiten bei der Arbeit und bei der Wohnungssuche. Wir verdanken ihnen einen Teil der Entwicklung Europas und der Hebung unseres Lebensstandards. Und doch bleiben sie in den Augen so vieler Europäer Parias, Ausgestoßene der Gesellschaft.

*

Wieder am runden Tisch mit seiner abgenutzten Tannenholzplatte. Solches Holz weckt in mir die Träume meiner Kindheit im Jura. In allen ärmeren Häusern der Dörfer glänzten solche Tannenholzplatten, die durch kräftiges Scheuern mit Tüchern poliert wurden.

Eine Stunde, rund wie der Tisch. Eine Stunde, in der sich alles zusammenfügt. Keine Trennung zwischen den Stunden der Jugend und denen von heute. Die einen zehren von den anderen.

Wenn ich auf der kleinen Bank sitze, die gleichfalls aus Tannenholz ist, überkommt es mich, wieder zur Feder zu greifen wie ein Handwerker, den es unwiderstehlich treibt, zu schaffen und immer noch weiter zu schaffen.

*

Schon mehrere Tage lang konnte man für meine Mutter nichts mehr tun: sie nahm keine Nahrung mehr zu sich. Heute morgen sagte sie in der Absicht, alle zu beruhigen, zu Ghislain: „Das Leben ist schön", und sie fügte hinzu: „Bleiben wir voll Freude." Am Nachmittag murmelte sie noch einmal: „Das Leben ist schön." Und dann mehrmals hintereinander: „Jesus … es ist schön". Das waren ihre letzten Worte. Um 20 Uhr, während wir zum gemeinsamen Gebet in der Kirche waren, ging sie in die Ewigkeit Christi ein. Sie ist ganz sanft erloschen, der Atem wurde einfach immer langsamer.

Nach ihrem ersten Herzanfall vor einigen Jahren sagte sie, sobald sie wieder sprechen konnte. „Ich fürchte den Tod nicht, ich weiß, an wen ich glaube … aber ich liebe das Leben."

Zwei junge, in Verbannung lebende Chilenen, die kürzlich bei uns durchkamen, haben zu mir gesagt: „Ihnen hier ist es aufgetragen zu säen, immer wieder zu säen, ohne sich um die Ernte zu kümmern."

*

Es wäre so bequem, sich der Presse gegenüber zu den Schwierigkeiten zu äußern, denen wir bei manchen leitenden Persönlichkeiten in den kirchlichen Institutionen begegnen. Das würde uns sofort Sympathien einbringen, aber wir würden es uns damit zu leicht machen. Es würde bedeuten, der Gemeinschaft im Leibe Christi entgegenarbeiten. In solchen Zeiten schweigen ist eine Form der Askese. Man muß versuchen, den Gegner zu verstehen, dann wird sich vielleicht eines Tages wider alle Erwartung ein Dialog von Mensch zu Mensch entspinnen, und alles wird sich klären.

*

Öfter als früher fragt man mich: Was ist das Stärkste in Ihrem Leben?

Ohne zu zögern erwidere ich: vor allem das gemeinsame Gebet, und in diesem die langen Zeiten der Stille.

Gleich danach kommt als das Schönste in meinem Leben: einen Menschen im persönlichen Gespräch in seiner Ganzheit zu erkennen, sowohl die innere Dramatik, die sich kaum eingestehen läßt, der aus dauerndem Scheitern oder einem inneren Bruch herrührende Komplex, wie auch die unersetzlichen Gaben, durch die hindurch das Leben in Gott in einem Menschen alles vollbringen kann.

Auch das unaussprechlichste Eingeständnis kann mich an einem Menschen nicht irre machen, vielmehr bemühe ich mich, ihn in seiner Ganzheit zu begreifen, wobei ich mich mehr auf wenige Worte und gewisse Einstellungen stütze als auf lange Formulierungen.

Die Intuition kommt dem Verständnis zu Hilfe. Es bedarf ihrer ganzen Weite, um in das einzudringen, was im Gesprächspartner vorgeht. Zur Intuition fügt sich ein Mitempfinden, das von Jahr zu Jahr lebendiger wird. Und da meine Zeit bemessener ist als früher, bin ich noch hellhöriger, um im Augenblicklichen das Grundlegende herauszuspüren.

Es genügt nicht, mit einem Menschen nur das zu teilen, was sein Inneres unfrei macht. Man muß auch die besondere Gabe herausfinden, die Gott ihm gegeben hat, den Grundpfeiler seiner ganzen Existenz. Hat man diese Gabe oder diese Gaben einmal ganz ans Licht gebracht, dann stehen alle Wege offen.

Gar nicht weiter eingehen auf die Komplexe, Verwirrungen, Mißerfolge, die gegensätzlichen Kräfte, für die sich ihrerseits wieder tausend einander widersprechende Begründungen finden lassen, sondern sobald wie möglich in die wesentliche Phase eintreten, d. h. die einmalige Gabe, die in jedes menschliche Wesen hineingelegten Talente entdecken, damit sie nicht begraben bleiben, sondern in Gott zur Entfaltung gebracht werden.

Das Schönste in meinem Leben? Ich könnte die Aufzählung unendlich fortsetzen: die seltenen Augenblicke, wo es mir möglich ist, unversehens fortzugehen, auf und davon ... stundenlang im Gespräch die Straßen einer großen Stadt durchwandern ... Gäste zum Essen empfangen ... oder auch einen meiner Brüder in mein Zimmer kommen sehen und in seinem klaren Blick seiner Ehrlichkeit gegen sich selber und seinen Widerstand gegen Irrwege bewundern.

*

Was wird der heutige Tag für den jungen Mann bedeuten, der gestern hinten in der Kirche gewartet hat, bis alle gegangen waren, um als letzter mit mir zu sprechen? Seine Frau beobachtete ihn aus einiger Entfernung. Aus seinen Worten verstand ich, daß in seinem Innern vor langer Zeit etwas zerbrochen ist, und daß dieser Bruch heute einen Bruch nach dem andern auslöst. Wie wird sich seine Zukunft gestalten? Ich vertraue: Was er immer für sich behalten hat, ist gleichsam explodiert, endlich hat er es aussprechen können. Nach und nach wird alles in Ordnung kommen. Ich erwarte einen Brief von ihm.

Und was wird dieser Tag für F. bedeuten? Auch ihn habe ich gestern entdeckt. Er ist politischer Flüchtling und geht nach Mexiko. „Wissen Ihre Eltern, was vorgeht?" frage ich ihn. „Nein, sie sind zu einfach, um zu verstehen. Besonders meine Mutter. Es würde sie zerbrechen." Er beklagt sich über nichts. Er ist einfach gekommen, um mich zu umarmen und den Segen Christi zu empfangen. Wie er mir sagt, gilt ihm dieser Augenblick als Abschied von seinen Eltern.

*

Als ich am 20. August 1940 in dieser menschlichen Wüste ankam, gab es nichts, wodurch ich diese Tage hätte vorausahnen können, an denen vierzigtausend junge Menschen in Taizé versammelt sind. Und dazu kommen noch alle, die in der Ferne sind, alle, die uns sehr nahestehen, die zum Schweigen verurteilt, im Gefängnis sind und die um des Evangeliums willen oder um ihres Kampfes für Gerechtigkeit und Freiheit willen verfolgt werden.

Mit allen zusammen, mit den Menschen überall auf der Erde sind wir berufen, aufzubrechen ins Ungeahnte.

Einer
Liebe Staunen

So oft höre ich deine Frage: Wie kann ich mich selbst verwirklichen? Könnte ich nur meine Hand auf deine Schulter legen und mich zusammen mit dir auf den Weg machen. Gemeinsam uns dem zuwenden, der, ohne sich jemals aufzudrängen, dich unentwegt begleitet, ob du ihn kennst oder nicht. Christus, „arm und demütig von Herzen", setzt niemals jemanden unter Druck.

Läßt du ihn tief in dir die Frische einer Quelle aufbrechen; oder wirst du schamrot über dich selbst zu ihm sagen: Ich bin nicht würdig, daß du mich begleitest?

Rufe nicht länger die Dunkelheit in dir herbei, um deine Weigerung zu bedecken. Glücklich, wer sich die Hand von den Augen reißt, um das kühnste aller Risiken einzugehen: „Ostern zusammen mit Christus durchleben."

Dich verwirklichen? Werde, was du im Grunde deines Herzens bist.

... dann öffnen sich die Tore des Kindseins, das Staunen einer Liebe.

(1974–1976)

Mit der Eröffnung des Konzils der Jugend vor einer Woche haben wir eine hohe Mauer übersprungen. Zuvor schien sie so hoch. Wir hätten auf derselben Seite wieder herunterfallen können. Doch jetzt sind wir darüber. Freilich ging es bei einem solchen Sprung nicht ohne ein paar Abschürfungen ab. Und doch verlief die übliche Ruhestunde nach dem Mittagessen am Nachmittag des Eröffnungstages durchaus friedlich, obgleich sich vierzigtausend Jugendliche auf dem Hügel befanden und mit ihnen viele Kirchenverantwortliche, die meisten von überströmender Freundschaft, einige zurückhaltend. Wir werden neue Mauern überspringen müssen, neue Anhöhen erklimmen müssen. In den bevorstehenden Kämpfen werden wir Wege finden, auf die Stimmen der Kinder zu hören und auf den Gesang der Vögel, die Paco für den Eröffnungstag von den Kanarischen Inseln mitgebracht hat ...

*

Wien. Einladung Kardinal Königs zum Abschluß der Synode der österreichischen Kirche. In ihm denselben Mann wiedergefunden, der in Rom während des Vatikanischen Konzils in unsere Wohnung zum Essen kam. Deutlich merkt man ihm die Offenheit für alle an; in ihm kündigt sich die Zukunft der Kirche an.

Mich bedrückte ein wenig die Aussicht, im Stefansdom von einem erhöhten Chor aus, wo man sich so isoliert vorkommt, sprechen zu sollen. Aber alle Furcht schwand, als wir zusammen diesen Ort des Gebetes betraten und vor einer selten schönen Darstellung der Muttergottes stehenblieben, vor einem alten Bild der Jungfrau Maria, das an einer Säule hängt.

*

Improvisiertes Zusammentreffen mit jungen Österreichern. Aneinandergepreßt, zu zahlreich für den begrenzten Raum einer barocken Kirche Wiens, gelang es uns dennoch, einander zu verstehen. Sie hatten eine Reihe von Fragen vorbereitet, sehr aktuelle, zuweilen abrupte Fragen, wie zum Beispiel: Was können wir tun, damit wir uns durch die Institution der Kirche nicht entfremden lassen?

Ja, die Institutionen können entfremden, können mit glühenden Eisen ein untilgbares Mal einbrennen, bisweilen tief demütigen. Aber, indem wir sie bekämpfen, können wir uns auch selber entfremden. Christus ruft uns nie zu einem Kreuzzug auf, gegen wen es auch sei. Er verlangt von uns nicht, daß wir unsere Kräfte einsetzen, um abzuschaffen, sondern um zu vollenden. Er selber hat die völlig verhärteten Institutionen, mit denen er zu tun hatte, die Institutionen des alten Gesetzes, nicht abgeschafft. Er hat sich vielmehr bemüht, sie zu erfüllen.

Freilich, Gemeinschaft mit Christen herstellen, die uns zusetzen, heißt noch lange nicht, sich auf Kompromisse einlassen; die Liebe ist nicht blind.

*

In Frankfurt, wo ich zum ersten Mal öffentlich in Deutschland gesprochen habe, habe ich lebendig einen jungen deutschen Gefangenen vor Augen, der im Winter 1945/46 ganz in der Nähe von Taizé gestorben ist.

Als ich mich 1940 allein in Taizé niederließ, tat ich es zunächst in der Absicht, einen Ort vorzubereiten, an dem ein Gleichnis der Gemeinschaft gelebt werden sollte, aber auch, um sofort politische Flüchtlinge, besonders Juden, aufzunehmen. Im November 1942 drang die Gestapo in das Haus in Taizé ein. Damals war ich gerade in der Schweiz, um jemandem über die Grenze zu helfen. Daraufhin war ich gezwungen, Taizé fast zwei Jahre lang fernzubleiben. 1945 hatte sich die Lage gewendet, und in unserer Gegend waren Lager für deutsche Kriegsgefangene eingerichtet worden. Ich erwirkte die Genehmigung, jeden Sonntagmorgen deutsche Gefangene für einen kurzen Gottesdienst in unser Haus zu holen und mit ihnen das Essen zu teilen, das damals schwer aufzutreiben war. Die Armut traf uns alle gleichermaßen. Schnell fiel mir, Sonntag für Sonntag, ein junger katholischer Priester auf. Alles an ihm strahlte Unbeschwertheit und Frieden aus.

Mehr denn je galt damals: Haß erzeugt Gegenhaß. Eines Tages stürzten sich einige Frauen unserer Gegend, deren Männer man nach Deutschland verschleppt und dort in den Konzentrationslagern getötet hatte, in einem befremdlichen Verzweiflungsakt auf einen der Gefangenen. Ausgerechnet dieser junge deutsche Priester war es, auf den sie einschlugen. Schon geschwächt, starb er an den Mißhandlungen. In seinen letzten Stunden war er ganz Frieden und Vergebung. Schon seit Monaten hatte ich begriffen: er spiegelte im vollen Sinn des Wortes die Heiligkeit Gottes wider.

In Frankfurt habe ich mich an diese Geschichte erinnert. Und da meine Worte gleichzeitig in beide Teile Deutschlands übertragen wurden, sagte ich zu allen, die mir zuhörten: wenn Sie auf tragische Weise einen Sohn, Vater, Bruder oder Gatten verloren haben, so können Sie Ihren Angehörigen im Angesicht dieses jungen Priesters wiedererkennen.

*

Francisco hat eben seine junge, 25jährige Frau verloren. Bei einem Autounfall blieb von der ganzen Familie nur er unverletzt. Im Rettungswagen konnte seine Frau noch zu ihm und ihrem Sohn Martinho sagen: „Ich liebe euch." Diese in das Dorf zugewanderten Portugiesen stehen uns so nahe. Wir suchen ihn auf, ich setze mich rechts, Daniel links zu ihm. Für Augenblicke zeigt sich, welcher Schmerz ihn jetzt zerreißt. Er kann nur den Kopf an meine Schulter legen, und alles geht in seinem Schluchzen unter. Mehrmals sagt er: „Gott lenkt alles." Er weiß, daß die beiden Kinder außer Gefahr sind. Er wird für sie leben: „Ich werde ganz für sie dasein, ich werde immer bei ihnen bleiben."

Am Sonntagvormittag, einige Stunden vor dem Unfall, war der kleine Martinho während der Eucharistiefeier bei mir, und wir brachten zusammen den Leuten in der Kirche den Friedensgruß. Wie immer begleitete er mich hüpfend und tanzend, glücklich wie es nur ein geliebtes Kind sein kann. Wenn er aus dem Krankenhaus kommt, wird er den Tod seiner Mutter erfahren. Was für eine Last wird fortan auf diesem sechsjährigen Kind liegen, das ungleich den Erwachsenen nicht Abstand nehmen kann. Er wird am eigenen Leib die Bedeutung eines der Worte des Zweiten Vatikanischen Konzils erfahren, die mir am lebendigsten in Erinnerung geblieben sind: „Durch die unschuldig in seiner Kindheit erlittenen Wunden ist der Mensch geheiligt."

*

Die tiefsten Demütigungen fügen wir uns selber zu. Mühen wir uns nicht ab, ihre Ursachen anderswo zu suchen.

*

Besuch bei einer Basisgemeinde in einem Armenviertel. Wir beten mit ihnen. Ein junges Paar nimmt uns für die Nacht in ihrer Baracke auf. Wir schlafen alle zusammen im selben Zimmer mit den vier Kindern. Unsere Betten sind von den ihren durch ein paar Holzbretter getrennt. Eines der Kinder leidet an einer Ohrenentzündung und weint die ganze Nacht. Durch die Spalten zwischen den Brettern dringt in Stößen ein kalter Andenwind herein. Die Hunde heulen die ganze Nacht. Nacht der Erwartung. Eine Vigil.

Die bewegendste Begegnung dieses Aufenthaltes in Chile: Frau Luis Corvalan. Sie ist indianischer Abstammung und erscheint für ihre fünfzig Jahre noch sehr jung. Ihr Mann ist im Gefängnis, ihr ältester Sohn gefoltert worden.

Bis zu unserem heutigen Gespräch war Frau Corvalan nicht klar, wieso Papst Paul VI. eines Nachts interveniert hatte, um die Hinrichtung ihres Mannes zu verhindern. Sie wußte nicht, daß wir in jener Nacht von Taizé aus nach Rom telephoniert hatten, um den Papst um diese dringende Intervention zu bitten.

Am Schluß unseres Gesprächs sagte sie, Frau eines kommunistischen Spitzenfunktionärs: „Sagen Sie bei Ihrer Rückkehr allen, daß es hier Christen gibt, die wie Licht sind." Sie selbst ist wahrscheinlich nicht gläubig. Beim Weggehen spricht sie den Wunsch aus, am Abend mit anderen Frauen von maßgeblichen Politikern des früheren Regimes wiederzukommen. Sie spricht auch noch von ihren gefolterten Kindern.

„Salz der Erde", sagte anderntags ein junger Mann, „Licht für die Menschen", sagt heute Frau Corvalan: das Paradox des Evangeliums. Salz auf der Seite der Unterdrückten, verborgen, scheinbar ohne Wirkung; aber auch Licht der Welt, Träger eines Wortes, das Licht bringt, oder einer Tat, die befreit.

*

Jede Gemeinschaft ist zugleich stark und zerbrechlich. Stark, wenn sie, auch ohne daß wir es wissen, ein Stück des Gewandes Christi, d. h. der Kirche webt, und zwar mit ganz verschiedenen Fäden: mit Fäden in den Farben der Freude oder mit dunklen Fäden, eingefärbt im Blut von Menschen. Aber wir, die wir nie beabsichtigt haben, auf dem Hügel eine Bewegung ins Leben zu rufen oder Anhänger zu werben, wir wissen auch, daß die Gemeinschaft zerbrechlich ist.

Noch einmal den Brief gelesen, den mir ein weit über die Grenzen seines Landes hinaus angesehener Psychiater vier Monate vor seinem Tod geschrieben hat. Er wußte bereits um den ernsten Stand seiner Krankheit: „Schon lange ist der Krebs nicht mehr der Feind, der Störenfried für mich. Er ist zu einem treuen Mitarbeiter geworden, zu einer Art Inspirator, der mir hilft, vieles an mir zu ändern, zurechtzurücken, in Frage zu stellen und neue und weitere Perspektiven zu öffnen."

Bei diesem Mann waren Gebet und Tun eins. In dem kleinen geistlichen Testament, das er nach seinem Tod hinterlassen hat, wirft er die Frage auf, wie man die menschliche Zerbrechlichkeit nutzen kann. Wie er bekennt, hat er lange unter dem Gefühl gelitten, begrenzt zu sein. „Dann kam für mich die Zeit, da ich erkannte, daß die einfache Annahme dieses Gefühls des Ungenügens und der Beschränkung ihre Früchte bringen kann. Ich darf nicht auf das schauen, was die andern vollbringen oder wozu sie fähig sind, sondern ich muß meine Grenzen voll anerkennen und annehmen. Das ist die Quelle der Befreiung. Nun brauche ich mich nicht mehr mit den andern zu vergleichen oder auf ihre Fähigkeiten zu schauen. Das Minderwertigkeitsgefühl und das Empfinden, daß man mich beiseite geschoben hat, haben viel dazu beigetragen, daß ich als Mensch gewachsen bin. Sie haben mir den Zugang zu mir selber verschafft, und das ist so wichtig für meine Patienten: nicht nur sie annehmen können mit ihren Ängsten und ihrer Zerbrechlichkeit, das versteht sich von selbst. Das Wichtige ist, daß diese Ängste und Schwächen ihre positive Seite haben, durch die sie zu etwas Gutem führen können."

*

Alois' Eltern erzählen, wie sie nach dem Krieg das Dorf in Osteuropa, in dem ihre Familie zwei Jahrhunderte lang gelebt hatte, verlassen mußten. Die Großeltern haben es nicht überlebt, daß sie aus ihrer ländlichen Umgebung herausgerissen wurden. Auch die Eltern bleiben ihrem Geburtsort verhaftet. Was hat es ihnen ermöglicht durchzuhalten? Er antwortet ohne Zögern: das Gebet. Und Alois fügt hinzu: Es war ein Gebet, das man ständig wiederholt, der Rosenkranz.

*

Brief an eine Großnichte: „Du weißt, wie sehr Dich die Deinen lieben, und dazu gehört auch Dein Onkel Roger. Und von Gott, von Jesus Christus, bist Du zusammen mit jedem einzelnen von den Deinen geliebt für immer und ewig. Wenn Du ihn jetzt in der Eucharistie empfängst, reicht er Dir lebendiges Wasser aus einer Quelle, das ist gewiß. Du wirst es nach und nach verstehen. Aber die Eucharistie wirst Du immer mit dem Herzen eines Kindes empfangen, wie alt Du auch sein magst."

*

Spaziergang mit Marc auf dem Weg zur Eiche von Mamre. Seit dem Morgengrauen geht ein leichter Ostwind. So wie er ein Bootssegel bläht, verleiht der Wind allem, sogar dem Wort, eine gewisse Leichtigkeit. Marc spricht von einem jungen Menschen aus einem östlichen Land. Wir sind ohne Nachricht von ihm, und wie von der Brise hergeweht taucht sein Gesicht voll Licht im Gedächtnis auf. Und es ist das ewige „Warum gerade er?"

*

Von Pedro folgende überraschende Zeilen erhalten:

„Heute hat mir eine alte portugiesische Frau berichtet, was sie bei einem ökumenischen Treffen aus dem Mund eines evangelischen Kirchenpräsidenten gehört hat: ‚In Taizé leben gekreuzigte Männer, die die Wahrheit gesehen haben, sie aber nicht laut verkünden, um die Einheit der Kirche nicht zu zerbrechen.'

Ich kann nicht umhin, Dir diese Worte zu schreiben."

*

Warum sind wir hier auf dem Hügel – wir, die Brüder und die Jugendlichen, die Woche für Woche heraufkommen?

Wir sind hier, um uns von Gott ergreifen, bearbeiten, im Innern unseres Seins verwandeln zu lassen. Diese Umwandlung vollzieht sich nicht in einem Tag. Dauernd müssen wir von neuem verändert werden. Eintönig ist die Suche nach Gott keinesfalls!

Wozu diese Umwandlung? Damit wir fähig werden, Leichtes wie Schweres, auch Gegnerschaft, anzunehmen, immer bereit zu sein, auf das zuzugehen, was vor uns liegt.

Solange wir uns nicht ergreifen lassen, dürfen wir uns nicht wundern, wenn wir von Gott nichts verstehen und ihn zum Gegenstand von Neugierde oder dauernder Diskussionen machen. Unser Leben bleibt dann in einem ausweglosen Monolog mit uns selbst stecken. Gewiß, wir können viele Elemente des Lebens und der Welt von selber verstehen – mit der Erkenntnis Gottes aber verhält es sich anders. Wir kennen ihn nicht, solange wir uns nicht im Innern von ihm ergreifen und bearbeiten lassen.

*

Intensiv an einige Frauen gedacht, denen ich in Polen begegnet bin, Bäuerinnen, die ihre sechs Jahre in den Lagern von Sibirien schilderten, wohin man sie mit ihren Kindern deportiert hatte. Zu einer von ihnen, einer bescheidenen Bäuerin, sagte ich: „Sie haben das Martyrium Jesu Christi erlebt." In ihrer Herzenseinfalt antwortete sie mit einem einzigen Wort: „Ja". Dieser Besuch in einem polnischen Dorf gehört zu den Erfahrungen, die ein Mensch nur einmal in seinem Leben macht. Was auf Erden noch an Harmonie übriggeblieben ist, verdanken wir denen, die ihr Leben für die Kirche, für die Menschheit geopfert haben.

*

Unermüdlich sucht uns Christus, arbeitet er an uns. Ununterbrochen fragt er uns: Liebst du mich? Liebst du mich mehr als andere?

Unser Verhältnis zu ihm ist eine Freundschaftsbeziehung. Und wie es in jeder Freundschaft Zeiten der Gleichgültigkeit gibt, gibt es auch in unserem Leben Perioden der Gleichgültigkeit Christus gegenüber. Wir fragen uns dann: sollten wir ihn verlassen haben?

Jede Freundschaft besteht um den Preis eines Neubeginns, der jedes Mal aus der Versöhnung ersteht. Wenn wir uns mit Christus versöhnen, entdecken wir ihn gleichsam neu: Ihn, die Liebe jeder Liebe, mißhandelt, verletzt, von vielen zurückgelassen und doch es niemals leid, uns zu begleiten.

*

Gespräch mit einem Ehepaar. Mit zweien ihrer Kinder haben sie eine ernste Schwierigkeit. Wie ihnen aus ihrem Unglück heraushelfen? Wie sie überzeugen, daß sie sich nicht mit Sorgen über die Zukunft ihrer Kinder abzuquälen brauchen, auch wenn diese sich von ihnen und sogar von Gott entfernt haben? Wie durch Osmose haben sie ihnen ja schon das Beste mitgegeben, was sie selber haben, und dieses Beste wird in dem Augenblick wiederaufleben, wo ihre Kinder selber Verantwortung für das Leben zu tragen haben, vielleicht, wenn sie ihrerseits Kinder erziehen werden. Dann müssen sie aus allem, was sie sich angeeignet haben, eine Auswahl treffen, und werden nur das Beste vom Besten, das Lauterste, was sie von ihren Eltern empfangen haben, übernehmen.

*

Lange Gespräche mit Martin. Sein Mitleben unter den Ärmsten wird ihm neue Wege öffnen. Im Zentrum Afrikas wird er sehr allein sein. So kostbar eine solche Abreise ist – schließlich hat das Herz das letzte Wort, das jede lange Abwesenheit eines Bruders kaum verwindet. Nur gläubiges Vertrauen verleiht die Kraft, einer solchen Mission zuzustimmen.

*

Es kommt vor, daß jemand in seinem Herzen gewalttätige Regungen gegen Vater oder Mutter entdeckt. Im allgemeinen bricht sich dieses Gefühl nicht in Worten Bahn. Um so besser. Jeder Mensch lebt mit manchmal extremen inneren Aufwallungen. Verhängnisvoll wäre es, würde man einander seine inneren Brutalitäten auf den Kopf zusagen. Gewalt und Eifersucht wohnen nun einmal im menschlichen Herzen. Sie im Namen der Offenheit und Wahrhaftigkeit aufzurühren, führt lediglich zu einem Verlust an Lebenskraft und Energie. Das muß der Aussprache mit einem Menschen vorbehalten sein, der den Auftrag hat, die Vergebung Gottes zu verkünden.

*

In der Zeit vor meinem zwanzigsten Lebensjahr war in mir eine ausgeprägte Scheu, gegen die intellektuelle Redlichkeit zu verstoßen. Ich wollte nicht bejahen, was ich vom Glauben ahnte. Aber ich suchte. Und eines Tages stieß ich auf den Psalmvers: „Mein Herz denkt an dein Wort: Suche mein Angesicht. Dein Angesicht, Herr, will ich suchen." Und schlagartig begriff ich, daß ich niederknien und auf mein Bett gestützt dieses Gebet zu dem meinen machen könne: Alles in mir sagt: Suche sein Angesicht; ich suche dein Angesicht.

*

Im Libanon töten unsere islamischen und christlichen Brüder einander. Vor einem Monat wurde ein 22jähriger Libanese unterwegs in sein Dorf, wo er Weihnachten feiern wollte, auf der Straße aus einem Hinterhalt getötet. Dieser junge Märtyrer hatte seinen Tod vorausgeahnt und in seinem Studentenzimmer einen Brief an seine Familie hinterlassen:

„Ich habe nur eine Bitte an Euch: Verzeiht von ganzen Herzen denen, die mich getötet haben. Bittet mit mir, daß mein Blut – obgleich das eines Sünders – der Tilgung der Sünde des Libanons dienen möge. Vermischt mit dem Blut aller anderen Gefangenen, welcher Partei und religiöser Konfession sie auch angehören, soll es dargeboten werden als Preis für den Frieden, die Liebe und das Einvernehmen, die aus diesem Land und aus der Welt schlechthin verschwunden sind. Habt keine Furcht. Mir macht nur Kummer, daß ihr traurig sein werdet. Betet, betet, und liebt Eure Feinde."

*

Mit dem Herzen eines Kindes alles Dir anvertrauen. Sich Dir ausliefern. Dir anvertrauen, was uns im Innersten kränkt oder unsere Pläne durchkreuzt, für den Gegner beten und sich nicht scheuen, manchmal seine Qual hinauszuschreien, wenn sich die Prüfungen häufen. Eine starke und schroffe Sprache wagen, die Du verstehst, wo Menschen nicht begreifen können. Und immer wieder, in jedem Augenblick Dir anvertrauen, was beunruhigt, was quält. Und auch stumm vor Dir bleiben.

Dann zählt nach und nach nur noch eines: Dich zu lieben für Deine Liebe. Erklingt in mir, Orgeln und Zithern. Flöten, singt in mir. Dumpfe und helle Stimmen zugleich. Nichts soll den unentbehrlichen Lobpreis Deiner Liebe zum Verstummen bringen.

*

Viele Briefe schreiben läßt so innig mit jedem einzelnen Empfänger mitleben, daß es kaum verwundern würde, beim Heben der Augen seinem Blick über dem Blatt Papier zu begegnen. Die Feder läuft rasch, und nach und nach gibt das Herz frei, woran der Geist noch eine Minute vorher gar nicht gedacht hatte. Nutzlos, diese Briefe noch einmal durchzulesen. Gleich, ob Worte oder Gedanken fehlen. Mit dem Wiederlesen würde die Spontaneität des ersten Wurfs und kostbare Zeit für das Schreiben weiterer Briefe verlorengehen.

*

Ein evangelischer Jugendlicher fragt mich, wie er die Trockenheit, die gelegentliche Leere seines Gebets durchstehen kann. Wenn der Mensch sich im Innersten seines Herzens für immer geliebt weiß, dann fürchtet er nicht, im Schweigen zu warten, und sollte manches Schweigen bis zum Tod dauern.

*

Vor einigen Tagen bringt mir Fabienne einen Pullover, den ihre Tante, meine Schwester Geneviève, gerade gewaschen hat. Ich biete ihr Datteln an und frage sie, was es in der Schule gibt, ob sie – sie ist sehr begabt – gerne Cembalo spielt, und dann noch, ob sie mit ihren zehn Jahren als Älteste von fünf Geschwistern nicht zu viele Sorgen hat. Alle diese Fragen beantwortet sie nur durch ein Zeichen mit dem Kopf und ein leises „hm, hm". Warum diese Schüchternheit? Hat sie sich beim Herüberkommen vor dem Hund gefürchtet? Ihre großen lustigen Augen lassen das unwahrscheinlich erscheinen. Am nächsten Tag erzählen mir ihre Eltern, daß sie alle Dattelkerne im Mund behalten hatte, weil sie nicht wußte wohin damit, und so konnte sie nicht mehr sprechen.

*

Pfingstnacht. Heute abend in der Kirche habe ich plötzlich ein Gesicht ganz aus Licht vor mir: Züge von durchscheinender Blässe unter einer Krone silberner Haare. Eine fünfundsiebzigjährige Frau sagt ein Wort, mit dem sie das Anliegen zahlloser Mütter und Großmütter zusammenfaßt: Ich bin hierhergekommen, um für Menschen zu beten, die den Glauben verlieren, für meine Enkelkinder.

*

Während ich schreibe, klettert ein winziger Goldkäfer auf meiner linken Hand herauf. Er steigt auf meinen Arm und läßt von seinem kräftigen Rückenschild dunkle Feuer sprühen.

Der helle Jubel der Erde weicht nicht mehr von mir. Tag für Tag vereint er sich mit jenem anderen Jubel über die Gemeinschaft mit Menschen. Aber ohne eine Gegenwart, die an Gewißheit alle irdischen Gewißheiten übertrifft, könnte nichts an diesem Glück von Dauer sein.

Im Dickicht der täglichen Arbeit und Begegnungen, wenn einen zuweilen Aggressionen anspringen, wenn Dringenderes jeden Augenblick die kontinuierliche Arbeit unterbricht, ist er da, der befreit.

*

Im Leben der Kirche hat einer – der seinen Platz im Kern der lebendigen Zelle hat, die jede Gemeinschaft bildet – nur das eine Dienstamt, Diener der Gemeinschaft zu sein. Er hat die Aufgabe, zu versuchen, immer wieder von neuem aufleben zu lassen, was sonst auseinanderfallen und sich zerstreuen würde, so daß eines Tages die Gemeinschaft keine mehr wäre.

Am Vorabend der Abreise nach Kalkutta habe ich meine Brüder daran erinnert, daß ich von Anfang an in der Communauté nicht „Prior" genannt werden wollte. Ich bin ihr Bruder. Und wir stellen fest, daß man in diesen letzten Jahren auch außerhalb der Communauté die Bezeichnung „Prior" nur ausnahmsweise verwendet, und nur, wenn man schnell den Auftrag mit einem Wort benennen will.

Aus denselben Gründen habe ich vor Jahren den Orden der Légion d'Honneur abgelehnt, den mir die französische Regierung verleihen wollte? Warum? Weil es heute nicht mehr zulässig ist, daß Männer der Kirche ihrem Dienst für Gott Ehrentitel zufügen. Sie können nicht mehr akzeptieren, daß ihr pastoraler Auftrag mit einer Ehre verbunden ist.

*

Im Flugzeug auf dem Weg nach Indien. Das Herz ist noch übervoll von den Treffen an den beiden letzten Abenden in der Stiftskirche der für den deutschen Protestantismus so kennzeichnenden Stadt Tübingen und im herrlichen Dom von Münster. Die Kirchen voller Jugendlicher, die Reise durch die Bundesrepublik, ganz anders als erwartet: nur Engel könnten das beschreiben. Eine solch tiefe Freundschaft, ein solch unbedingtes gegenseitiges Vertrauen mit so vielen jungen Deutschen.

Haben sie durch meine Worte, die noch armseliger waren als bei anderen Gelegenheiten, begriffen, daß jeder, der – sei er jung oder alt – für Christus und das Evangelium Gefahren auf sich nehmen will, manchmal ohne sein Zutun in die ungewöhnlichsten Abenteuer verstrickt wird?

*

Kalkutta. Bei höchster Luftfeuchtigkeit hält sich die Temperatur weiterhin über dem Durchschnitt. Aber, bestärkt wie wir sind von unserer leidenschaftlichen Suche, ertragen es alle erstaunlich gut. Die Nächte sind kurz, der Lärm von der Straße durchdringend. Aus den Transistorradios dröhnen indische Lieder. Der Lärmschwall hält bis spät in die Nacht hinein an und setzt um fünf Uhr früh von neuem ein, wenn die Leute anfangen, sich zum Waschen auf der Straße mit Wasser zu übergießen. Der Abwässerkanal führt direkt an unserer Tür vorbei. Wenn wir hinausgehen, müssen wir jedesmal darübersteigen, und er wird ständig breiter.

In zwei, drei Tagen haben wir, Brüder und Jugendliche, uns in das äußerst einfache Leben hineingefunden. Die Leute des Stadtteils sind überrascht, daß Ausländer sich bereit finden, am Boden zu schlafen.

*

Besuch in Pilkana, einem der größten Slums der Stadt. Siebzigtausend Einwohner auf einer Fläche von siebenhundert Quadratmetern. Menschliche Wesen, die in einem Meer von Elend treiben.

Pilkana: das an Tuberkulose erstickende Moslemkind,

von dem seine Mutter sagt: Es tut nichts mehr als beten; das unvergeßlich schöne Gesicht einer jungen Christin, die an einer fortgeschrittenen Knochentuberkulose leidet und immer wieder sagt: Heute ist ein schöner Tag; die mit eitrigen Wunden bedeckte alte Frau, die sterbend neben ihrer Türe liegt.

Ist es eine Kollektivsünde, die solche Golgothas innerhalb einer von Reichtum strotzenden Stadt hervorbringt?

Besuch mit Mutter Teresa in der Leprastation. Im Auto erklärt sie mir, warum sie, ohne mich um meine Meinung zu fragen, mir schon in den ersten Tagen von ihren Schwestern ein zweites weißes Gebetsgewand nähen ließ. Sie versteht nicht, warum ich es nicht immer trage. Obwohl ich ihr erkläre, daß es in Europa schwer sei, auf der Straße ein Gebetsgewand zu tragen, beharrt sie: Sie dürften es nie ablegen, die Menschen unserer Zeit brauchen ein solches Zeichen. Worauf ich entgegne: Eine solche Entscheidung würde ich nicht treffen, ohne mit meinen Brüdern darüber zu sprechen.

In der Leprastation von Hunderten von Kranken mit eindrücklicher spontaner Freude empfangen. Ihre Krankheit ist ansteckend. Viele wünschten das Auflegen der Hände.

*

Bei Einbruch der Nacht taucht für einige Augenblicke ein Sufi auf. Er kommt, um ein letztes Wort zu sagen, bevor wir von Bangladesh abreisen: „Alle Menschen haben denselben Herrn. Das ist ein jetzt noch nicht offenbares Geheimnis. Aber eines Tages wird man es entdecken." Und er geht wieder in die Nacht hinaus.

*

Seit unserer Rückkehr aus Kalkutta lebt das kleine indische Mädchen, das wir mitgenommen hatten, in meinem Zimmer. Mit ihren fünfeinhalb Monaten ist Marie-Sonaly von zerbrechlicher Zartheit. Sie schläft nur in meinen Armen ein. Kaum vorstellbar, wie sehr ihr meine Stimme vertraut ist, wie sie bei Tag und Nacht darauf reagiert.

Vielleicht wird sie nur noch ein paar Wochen leben. Sollte sie meine wachsende Sorge um ihr Leben spüren ... Ich sage mir: Wenn sie stirbt, wirst du nachher mit Gott darüber reden und sogar streiten. Jetzt aber stelle sie Gott anheim. So wird sie, wenn sie an deinem Herzen ruht, wenigstens jenes Vertrauen erfahren haben, das Gott in jedes menschliche Wesen legt und das ein Mensch weitergeben kann. Laß die Angst sich verklären in Vertrauen.

Blühen
wird deine Wüste

In den nördlichen Kontinenten verbirgt sich manchmal tiefste menschliche Verlassenheit, eine fundamentale Vereinzelung. Jugendliche vor einer ungewissen Zukunft fragen sich schließlich, warum sie überhaupt geboren wurden. Sie verlieren den Sinn des Lebens, sie lassen sich auf eine abschüssige Bahn führen, auf der es nur noch ein Ziel gibt: zu überleben. Wie kann man sich in Gott verwirklichen, wenn man von einem Zweifel umgeben ist, der alles durchdringt?

Wie kann man vom Zweifel zur Hoffnung Gottes gelangen, oder zumindest, für die Nichtglaubenden, vom Zweifel zu menschenmöglicher Hoffnung?

Wenn das Verlassensein, der Zweifel, die Entmutigung und das Schweigen Gottes alles unter sich begraben: erkennst du die Wüstenblume?

In der Wüste deines Herzens wirst du auf das einzig Wesentliche verwiesen: sein Leben hingeben, niemand kann eine größere Liebe entdecken. Dein ganzes Leben findet darin einen Sinn. Solltest du nicht darum wissen? In der Wüste des Herzens brechen unversiegbare Kraftquellen auf, ein Leben im Innern, ein inneres Licht.

(1977–1979)

Zürich. Gottesdienst zusammen mit Jugendlichen. Obwohl eine zweite, auf der anderen Seite der Limmat gelegene Kirche durch Fernsprechkabel mit dem altehrwürdigen Münster verbunden war, wurden noch Jugendliche abgewiesen. Sie wären bereit gewesen, noch enger zusammenzurücken. Aus Sicherheitsgründen schritt die Polizei ein und schloß die Türen. Einen Augenblick lang hörte man jene, denen der Eintritt verwehrt worden war, an die Kirchentüren schlagen. Jeder Schlag zerriß im Widerhall die Seele. Was spielt sich hier ab? Will man Jugendliche sogar noch von einer Kirche wegtreiben?

*

Das Verzeihen, was ist das?, fragte mich ein junger Ire heute morgen. Die unerhörteste, die unwahrscheinlichste, die weitreichendste der Wirklichkeiten des Reiches Gottes.

In der Zivilisationskrise, durch die die nördliche Erdhälfte geht, sind die zeitgenössischen Gesellschaften von Schuldgefühlen betrunken.

Wie kommt es, daß sogar Christen zu der so wenig dem Evangelium gemäßen Waffe greifen, Schuldgefühle und nagendes Mißtrauen auszustreuen? Es fällt ihnen schwer, sich als Menschen anzunehmen, denen Gott verziehen hat. Sie sagen sich: Gott verzeiht den anderen, doch nicht mir. Ergriffen vom Taumel eines unbegreiflichen Schuldgefühls möchten sie darangehen, sich selbst zu verzeihen. Da ihnen dies nicht gelingt, versuchen sie, die drückende Last abzuschütteln, indem sie andere beschuldigen.

Müßte man Gott aus Furcht vor Strafe lieben – es hieße, ihn nicht mehr lieben.

Niemals, nie und nimmer quält Gott das Gewissen des Menschen. Das absolute Kennzeichen Gottes, schreibt Johannes, der Mystiker, ist es, daß er Liebe ist. Und seine Liebe ist – wie jede Liebe – zuallererst Vertrauen und Verzeihen.

Christus will nicht, daß wir von Schuldgefühlen betrunken, sondern einzig von Verzeihen und Vertrauen angefüllt, erfüllt sind.

*

Mit Jugendlichen aus dem ganzen Land haben wir in Madrid überlegt, wie man das Verzeihen konkretisieren kann. Ich erinnerte mich, daß es mir in sehr jungen Jahren notwendig erschien, keine Briefe oder Zettel aufzuheben, die Nährboden der Bitterkeit sein könnten. Seitdem verbrenne ich fast alles im Laufe der Zeit; wir legen keine Archive an. Staaten haben Massen von Archiven. Alle Schriftstücke zu verbrennen, aus denen Haß und Erinnerungen an Kränkung sprechen: das ist ein Schritt, der auf das Verzeihen vorbereitet.

*

Frage eines Jugendlichen aus Madrid: Wie kann man eine Versöhnung vollziehen, wenn der andere sie ablehnt?

Diese Ablehnung ist wie ein kleiner Tod, der uns den Boden unter den Füßen entzieht. So schnell erholt sich davon keiner. Nichts ist verletzender als beim Gegenüber, mit dem wir eine Versöhnung suchen, Kälte und Distanznahme vorzufinden. Das Herz ist bis auf den tiefsten Grund getroffen.

Es kommt sogar vor, daß das Verzeihen das Gegenüber zu folgender zynischer Berechnung verleitet: Warum sollte ich meinen Plan nicht weiterverfolgen, wenn nötig, über den Leib des anderen hinweg; er verzeiht mir ja auf jeden Fall um Christi willen?

Wenn der andere hartnäckig bei seiner Ablehnung bleibt – sollte Gott dann das Gebet nicht erhört haben? In Wirklichkeit hat Gott es schon „in uns" erhört, seine Antwort wurde „in unserem Inneren" bereits gegeben, schon hat er in uns versöhnt.

Seit drei Jahren möchte ein traditionsreiches Verlagshaus ein Buch im Gesprächsstil herausbringen, in dem ich auf die verschiedensten Fragen zu antworten hätte. Wir haben den Journalisten ausgesucht. Zweimal ist er gekommen, um mir Fragen zu stellen. Mit der Zeit wurde mir klar, daß wir hier ein Buch vorbereiteten, in dem ich ständig in der ersten Person zu sprechen hätte. Das ließ mich erschauern. Alles in meinem Inneren drängte mich, auf dieses Vorhaben zu verzichten, um vielleicht später, in fortgeschrittenerem Alter darauf zurückzukommen.

*

Unter den jungen Brüdern interessieren sich einige leidenschaftlich für die Schrift. Heute nachmittag sprachen wir zu einigen über gewisse, fast unzugängliche Worte im Evangelium. Wie kann man sie den Jugendlichen verständlich machen?

Unmöglich, diese Worte aus dem Zusammenhang zu lösen. Das Evangelium kann nur in seiner Gesamtheit betrachtet werden. Wie jeder im Gesamtzusammenhang seines Lebens und nicht in einer einzelnen Situation gesehen werden möchte, kommt es auch darauf an, die Bibelworte im Zusammenhang der ganzen Schrift zu begreifen.

Sehr oft gehen wir an die Schrift heran, als läsen wir einen Brief von jemandem, den wir über alles lieben, der uns jedoch in einer unbekannten Sprache schreibt. Wir versuchen wenigstens einige Worte zu übersetzen, womöglich die einfachsten. Lassen wir beiseite, was uns im Evangelium unzugänglich bleibt. Später werden andere uns helfen, es zu verstehen.

*

Unter der Allee, in der Dämmerung vorübergehend ein tiefes Glück. Das Haus mit seinen vier erleuchteten Fenstern ist in meinen Augen das Freundlichste, das es gibt.

Heute morgen, während ich an die Gartenmauer gelehnt las, dasselbe Glück. Kommt es vom Menschen? Ich weiß es nicht. Doch es geht geradewegs zu Gott.

*

Ein „Gleichnis der Gemeinschaft" wird erkannt, wenn es für sich selbst spricht, wenn es keiner Erklärungen bedarf, um es zu begreifen. Dies war mir in sehr jungen Jahren aufs Klarste bewußt, als sich die folgende Alternative auftat: entweder Schriftsteller – und zugleich Bauer – zu werden und mich vor allem mit dem Federhalter zu äußern; oder Wege dafür zu ebnen, ein „Gleichnis der Gemeinschaft" ins Leben zu rufen. Eine Wahl mußte getroffen werden. Möge dieses Gleichnis imstande sein, für sich selbst zu sprechen.

*

Heute abend einen Jungen wiedergetroffen, der mir im letzten Jahr von einer inneren Tragödie erzählt hatte. Glücklicherweise habe ich, falls ich die Vornamen vergesse, ein genügend gutes Gedächtnis für Gesichter und Worte.

Sein Leiden ist grenzenlos. Nichts ist grausamer als die Ablehnung oder der Bruch einer Liebe. Das Herz weiß nicht mehr, wie es darauf antworten soll, und um nicht zu sehr zu leiden, verhärtet es sich manchmal. Ein Gegenmittel bietet sich an: sich selbst lieben. Aus nicht verkrafteter Demütigung brechen Lebensstolz, menschlicher Ehrgeiz hervor.

Christus lehnt sich nicht auf, wenn er verstoßen wird. Er leidet und er liebt.

*

Mit fünfzehn Monaten ißt Marie-Sonaly schon gerne mit anderen zusammen. Heute abend war sie bei einer Mahlzeit unter vier Augen mit einem durchreisenden afrikanischen Bischof dabei. Eine Zeitlang saß sie auf meinen Knien, dann ließ sie sich auf den Boden unter den Tisch gleiten, um zum Bischof hinüberzukriechen. Unverzüglich begriff ich, warum er so anziehend war: der Bischof trug eine Soutane mit einer Knopfreihe, und da der Kleinen die ersten Zähne wehtaten, biß sie auf den Knöpfen herum.

*

Zu allen in der Kirche gewandt, sagte heute abend ein alter orthodoxer Bischof mit einer ungewöhnlichen Großzügigkeit im Herzen nachdrücklich: „Jedes menschliche Geschöpf ist vom Heiligen Geist bewohnt." Weil der ein wenig taub ist, fragte er mit lauter Stimme Jean-François, der neben ihm stand: „Haben die Leute gut verstanden, was ich sagte? Jedes Geschöpf ist vom Heiligen Geist bewohnt."

*

Stephansdom in Wien. Gebet mit jungen Österreichern am Vorabend der Abfahrt nach Asien.

An die Tore Chinas reisen ...

Die Grenzlinien, die die Menschheit zerreißen, sind für die neue Generation schwer erträglich. Während auf der Welt nagender Argwohn, eine Vertrauenskrise in den Menschen dominieren, werden wir an dieser Grenze um ein Vertrauen unter allen Völkern beten. Jugendliche aus jedem Kontinent sind bereits dort. Wir fahren ohne bestimmte Vorhaben ab, um mit den Allerärmsten zu leben und durch sie ein Wort Gottes zu begreifen.

*

Warum sind wir gekommen, um das Leben der am meisten Vernachlässigten auf dem chinesischen Meer zu teilen? Weder weil uns der Sinn danach steht, noch aus natürlicher Neigung, sondern um die Lebensbedingungen der am stärksten Geprüften in unser Leben hineinzunehmen. Es ist gefährlich, zu einer Solidarität mit den Armen aufzurufen und dabei unbeweglich zu bleiben.

Die den Hausbooten zugewandte Seite der Baracke steht vollkommen offen, hat keine Wand. Nachts hängen wir sie mit zusammengenähten Plastiksäcken zu. Tagsüber ist es unmöglich, eine Bewegung zu machen, ohne von den an der Baracke Vorübergehenden gesehen zu werden. Und wir tauchen unsererseits ständig in das Leben ein, das sich vor unseren Augen abspielt.

Die Frauen tragen ein schmuckloses Kleid, Hosen und einen großen Strohhut, der einen Teil ihres Gesichts verdeckt. Oft haben sie ein Kind auf den Rücken gebunden. Der Stoffhändler fährt auf einem kleinen Kahn von einem Hausboot zum andern. Auf einem anderen Boot ruft eine Fruchthändlerin ihre Ware aus. Am frühen Morgen weckt uns die Stimme des Bäckers, der sein Brot verkauft.

Ein Besucher sagt zu uns: unter den Menschen auf den Hausbooten leben Sie mitten im Herzen des chinesischen Volkes.

Jeden Abend eine Stunde voll Brüderlichkeit im improvisierten Schlafsaal. Wir breiten unsere Decken aus, um auf dem Boden zu schlafen. In der Meinung, mich in meinem Alter nicht mehr an einen Schlafsaal gewöhnen zu können, hatte ich darum gebeten, mir ein kleines Zimmer zu suchen, wo ich allein schlafen könnte. Dies war nicht möglich.

Gestern tauchten beim Essen ungeheuer große Ratten auf. Als wir sie verjagen wollten, drehte sich eine von ihnen um, und zeigte wie eine Katze die Krallen. Der Rattenspektakel setzte abends von neuem ein. Man erklärte uns, es wäre besser, eine Petroleumlampe die ganze Nacht hindurch brennen zu lassen; das hält sie davon ab, zu beißen. Es kommt tatsächlich vor, daß sie beim Laufen über unsere Körper setzen.

Da sich die Baracke mehr und mehr mit Besuchern füllt, die kommen und gehen, sollte ein altes, von Nachbarn geliehenes Hausboot ab heute als Ort für das Gebet dienen. Heute morgen, wir waren gerade dort angekommen und schon auf den Knien, sprang eine Frau von ihrem Hausboot zu uns herüber. Sie schrie. Wir verstanden nicht, was sie wollte, bis wir bemerkten, daß wir am Sinken waren. Wir mußten auf schnellstem Weg herunter. Wenn sie kentern, versinken die Hausboote im Handumdrehen im Meer.

*

Welche weiteren Gesten können wir finden, um die Notwendigkeit einer unverzüglichen Versöhnung unter den Christen verständlich zu machen?

In diesem Zusammenhang kommt mir ein kürzlich mit einem evangelischen Verantwortlichen geführtes Gespräch in den Sinn, der auf der Durchreise auf dem Hügel war. Wir hatten nur wenige Augenblicke Zeit. Damit er in wenigen Worten den Sinn unserer Berufung begreife, erzählte ich ihm die Geschichte meiner Großmutter. Er sprach unmittelbar darauf an, für ihn erhellte diese Geschichte unsere ganze Suche. Warum habe ich niemals gewagt, früher davon zu sprechen?

Meine Großmutter mütterlicherseits war eine mutige Frau. Während des ersten Weltkriegs kämpften ihre drei Söhne an der Front. Sie lebte als Witwe im äußersten Norden Frankreichs. Unter dem Feuer der Bombenangriffe wollte sie ihr Haus nicht verlassen, um Fliehende bei sich aufzunehmen, alte Leute, Kinder, hochschwangere Frauen. Erst in allerletzter Minute, als alle fliehen mußten, ging auch sie. Sie fuhr in die Dordogne.

Sie war vom tiefen Verlangen bewohnt, daß nie mehr jemand das durchleben müsse, was sie gelebt hatte. Die zerspaltenen Christen töteten einander in Europa. Wenigstens sie sollten sich versöhnen, um zu versuchen, einen neuen Krieg zu verhindern.

Sie stammte aus einer alten evangelischen Familie: im Geburtshaus meiner Mutter zeigte man noch das verborgene Zimmer, in dem man früher, zu Zeiten der Verfolgung, den Pfarrer versteckte. Um in sich selbst unverzüglich eine Versöhnung zu vollziehen, besuchte sie eine katholische Kirche. Es war, als hätte sie geahnt, daß die Eucharistie in der katholischen Kirche eine Quelle der Einmütigkeit im Glauben ist.

Es war das Wunder ihres Lebens, daß sie, als sie in sich selbst die Glaubensströmung ihres Ursprungs mit dem katholischen Glauben versöhnte, Wege fand, ihrer Familie gegenüber kein Symbol der Ableugnung zu sein.

Etwa ein Jahr später traf sie bei meinen Eltern ein. Übermüdet und erschöpft verlor sie beim Betreten des Hauses das Bewußtsein. Man trug sie in einer roten Decke weg. Ich sehe diese Szene vor mir, als wäre sie eben erst geschehen.

Ich erlitt einen starken Schock; etwas Unwiderrufliches vollzog sich. Ihre beiden Gesten, die Leidgeprüftesten aufzunehmen und zu einer Versöhnung im eigenen Innern zu gelangen, haben mich später für das ganze Leben geprägt.

Die Intuition meiner Großmutter mußte mir von Kindheit an eine katholische Seele gegeben haben. Ich habe den Eindruck, in Taizé den von dieser alten Frau gebahnten Weg weitergegangen zu sein, und habe in ihren Spuren, ohne deshalb für irgend jemanden ein Symbol der Ableugnung zu sein, meine eigene Identität darin gefunden, zutiefst in mir die Glaubensströmung meines Ursprungs mit dem Glauben der katholischen Kirche zu versöhnen.

Alle Mütter oder Großmütter können sich freuen. Treue hinterläßt manchmal Spuren, deren Folgen sie nicht im ganzen Ausmaß zu Lebzeiten sehen werden.

Jemandem, der mir nahe steht, am Vorabend eines wichtigen Augenblicks geschrieben:

„Wenn der gedemütigte Mensch in dir alles abschütteln möchte, was er als eine Last empfindet, vergiß nicht, daß diese Last das leichte Joch Christi sein kann, sein Arm, der auf deiner Schulter liegt. Wenn du unter der Umklammerung einer Revolte so sehr verzweifelst, daß du Christus aufgeben willst, der dich ein für allemal gerufen hat, so gehe in die innere Oase, an den Ort der Einsamkeit in dir; unablässig richtet er dort an dich immer wieder denselben Ruf. Von dir verlangt er viel, er, der dich mit Gaben überhäuft hat. Wirf diese kostbaren Perlen nicht weg, indem du deine Kraft damit verbrauchst zu wissen, wer recht oder wer unrecht hatte. Möge dein Leben eine Antwort verwunderten Staunens angesichts dessen sein, was er in dich gelegt hat."

*

Wer liebt, bewundert. Wer liebt, findet immer im anderen einen Anlaß zu bewundern. Die Charakterschwierigkeiten werden zu erträglichen Zwischenstörungen.

*

Brief eines siebzehnjährigen Jungen:

„Da meine Eltern Atheisten sind, hatte ich vor meinem dreizehnten oder vierzehnten Lebensjahr niemals die Gelegenheit, mir Glaubensfragen zu stellen. Heute stelle ich mir Fragen. Ich habe die Bibel gelesen, sie hat mich jedoch keineswegs überzeugt. Ich bin zwei- oder dreimal in die Messe gegangen, und dort war ich ergriffen wie noch nie in meinem Leben. Es schien mir, als wäre ich von der Gnade Gottes berührt worden. Seit jenem Augenblick habe ich zu glauben begonnen und eines Tages das Bedürfnis verspürt, jemandem zu begegnen, der mich den Glauben verstehen läßt."

Ein bezeichnender Brief. Hinsichtlich der Annäherung an den Glauben ist die Mentalität der Jugendlichen von einschneidenden Veränderungen geprägt. Früher begann man mit der katechetischen Unterweisung, von der aus man dann zur eucharistischen Kommunion ging. Heute haben viele Jugendliche keine oder nur sehr wenig Katechese erhalten. Manche jedoch begreifen einen Bruchteil des Geheimnisses der Gegenwart Christi, wenn sie eine katholische Kirche betreten, dort eine Eucharistiefeier miterleben und eines Tages daran teilnehmen.

Für sie ist die Eucharistie also nicht der Abschluß, sondern der Anfang ihres Glaubenswegs. Durch sie wurden sie zuerst angerührt; und sie empfangen sie mit Ernst.

*

Mit etwa fünfzehn jungen Brüdern in Bari, um einige Zeit in einer Kirchengemeinde der einfachen Bevölkerung zu verbringen.

Die Bewohner des Viertels sind Fischer oder Maurer. Eine hohe Anzahl von Arbeitslosen. Aufmerksamer, zum Teil herzlicher Empfang. Das Herz kommt hier auf seine Kosten. Nur einige Jugendliche in der Kirchengemeinde.

Das Haus, in dem wir wohnen, steht seit etwa zwanzig Jahren leer. Weder fließendes Wasser noch Elektrizität noch Abflußrohre. Sobald man geht, beginnt alles zu zittern. Lange Sprünge überziehen die Mauern von oben bis unten. Einige Fensterscheiben sind zerbrochen, mit Cellophanpapier ersetzt. Die sich auf das Dach windende Treppe wurde mit Holzbrettchen notdürftig zusammengeflickt. Sie hat Regen über Regen abbekommen und ist wurmstichig; es ist angeraten, daß nie mehr als einer auf einmal hinaufsteigt.

Ein von Möbeln entleertes Haus entbehrt nicht der Schönheit: Wandöffnungen anstelle von Türen, einige Bänke, die das Zimmer umlaufen, in dem wir essen, in einer Ecke eine Ikone, Matratzen auf dem Boden. Die Küche könnte nicht gastfreundlicher sein, zwei Wärmeöfen auf dem Boden ermöglichen die Zubereitung von Mahlzeiten und temperieren das Zimmer.

Dreimal am Tag haben wir das Gebet in der in nächster Nähe liegenden Kirche. Leute aus dem Viertel kommen dazu. Beim Abendgebet entdecken wir eine „lebende Ikone", eine neunzigjährige Frau. Für sie haben wir am Eingang des Chores einen Stuhl aufgestellt. Sie versucht mit uns zu singen. Von Zeit zu Zeit hebt sie die Arme in die Höhe und die, die nahe bei ihr sitzen, hören sie murmeln: „Gesù, misericordia."

Jeden Morgen trennen wir uns zur Arbeit. Die meisten von uns wurden als Straßenkehrer eingestellt. Jeder arbeitet mit einem diensttuenden Straßenkehrer zusammen. Einige kümmern sich um den Empfang der Jugendlichen, die von anderswoher gekommen sind, um uns zu besuchen. Spät nachmittags denken wir unter uns nach: Was ist die erstrangige Berufung für uns? In der Ungesichertheit dieser Lebensweise in Bari suchen wir.

Das momentane Sich-einlassen auf die gewöhnlichsten Lebensbedingungen einer armen Gemeinde gibt uns immer noch zu denken. Empfängt die einzigartige Gemeinschaft, die sich Kirche nennt, ihr Leben nicht von innen heraus? Da wir nicht mehr wußten, wie wir diese Wirklichkeit noch durch Worte ausdrücken sollten, haben wir sie durch unser Leben zu konkretisieren versucht, indem wir nach Bari fuhren.

*

Seit gestern hier in Moskau angekommen, mit Thomas von Armin; wir waren ungeduldig, Kirchen betreten zu können. Die russischen Christen sind dort wie von der Fülle eines glühenden Eifers getragen. Beständig macht jemand dort das Kreuzzeichen. Sie kommen und gehen mit tiefen Verbeugungen, um die Ikonen zu grüßen. Dieses ganze Bild, weit von westlichem Leistungsdenken entfernt, ist wie das Flehen eines kontemplativen Volkes.

Im Zug von Moskau nach Leningrad. Eine traumhafte Nacht. Es ist nicht möglich, diese Reise tagsüber zu unternehmen. Doch in diesen nordischen Breiten ist die Nacht sehr hell. Durchs Fenster betrachte ich die vorüberziehenden Bauernhöfe mit ihren von einem langen Arm zum Hochziehen des Wassers überragten Brunnen. Die Isbi machen einen baufälligen Eindruck. Die Menschen beginnen zu arbeiten, sobald der Morgen graut.

Davon berührt, so viele Jugendliche in der Kathedrale von Leningrad vorzufinden. Bischof Nikodim bat mich, das Wort zu ergreifen. Ich sage zu ihnen: „Wäre Christus nicht auferstanden, wären wir nicht hier, gäbe es im ganzen Land nicht das brennende Vertrauen, wie ihr es habt." Kurz vorher wandte ich mich an jene, die in Bälde Priester sein werden: „Je mehr ihr zusammen mit Christus eueren Weg gehen werdet, desto mehr werdet ihr auf den Berg der Versuchung geführt. Er selbst ist dort gewesen. Je mehr wir uns unsichtbar dem Todesleiden Christi nähern, desto mehr tragen wir in uns den Widerschein des Auferstandenen."

*

Aus Moskau ein neues Symbol mitgebracht: Am Freitagabend die Kreuzikone auf den Boden legen, hingehen und seine Stirn auf das Holz des Kreuzes legen, durch ein Gebet mit dem Körper die eigenen Lasten und die anderer in Gott versenken. So den Auferstandenen begleiten, der fortwährend für alle Menschen auf der Erde, die durch Anfechtungen gehen, im Todesleiden liegt.

Wenn die Jugendlichen, nach Hause zurückgekehrt, in der Treue eines ganzen Lebens jede Woche mit anderen zusammenkämen, um vor dem Kreuz zu beten, würden sie das Volk Gottes dazu bewegen, ein kontemplatives Volk zu werden.

Gespräch mit Armin. Wie bringst du es fertig, in dir diesen ununterbrochenen Strom der Gemeinschaft fließen zu lassen, seit den fünfzehn Jahren, in denen wir zusammen sind? Seine Antwort: „Als ich sehr jung war, machte ich Achthundert-Meter-Läufe. Bei sechshundert Metern gibt man normalerweise nach; Herz, Beine, Atem setzen aus. Um die letzten zweihundert Meter zu schaffen, kommt es darauf an, dem Schrittmacher ganz nahe zu folgen, ohne einen Abstand, ohne ein „gap", wie man sagt, aufkommen zu lassen. In gleicher Weise wache ich darüber, daß es niemals einen Zwischenraum zwischen Christus, der mir vorausgeht, und mir selber gibt."

*

Beerdigung von Paul VI. Nachdem wir still an seiner sterblichen Hülle gebetet hatten, sehen Max und ich beim Verlassen des Petersdoms Giuseppe Roncalli, den letzten der Brüder Johannes' XXIII., hineingehen. Wir sind uns herzlich zugetan. Gemeinsam kehren wir zum aufgebahrten Paul VI. zurück.

Der alternde Giuseppe Roncalli ähnelt immer mehr Johannes XXIII. Da ich diese beiden Gesichter so nahe beieinander sehe, stelle ich mir vor, wie sich in der Ewigkeit Gottes das Wiedersehen von Johannes XXIII. und Paul VI. zugetragen haben mag.

*

Zusammen mit den Brüdern so viele Jugendliche in Taizé aufnehmen, heißt in allererster Linie Menschen des Zuhörens, niemals Meister des inneren Lebens zu sein. Wer sich als Meister aufspielt, könnte leicht in einen geistlichen Hochmut verfallen, der die Seele zugrunde richtet.

Ja, es ablehnen, irgend jemand für sich selbst in Beschlag zu nehmen. Die Jungfrau Maria deutet eine Geste der Hingabe an. Sie hat nicht ihren Sohn für sich behalten, sie hat ihn der Welt hingegeben.

Oft wissen wir nur wenig vom Umfeld, in dem sich das Leben derer abspielt, die sich anvertrauen. Darauf kommt es nicht an. Würde es doch in jedem Fall auf Abwege führen, ihnen mit guten Ratschlägen oder kategorischem „Du mußt" zu antworten. Ihnen zuhören, um das Gelände freizuräumen und in ihnen Christus den Weg zu bereiten.

Nachdem wir Jugendlichen zugehört haben, gehen Emil und ich heute von der Kirche zum Haus hinunter. Wir sagen uns: Wenn die Jugendlichen bei der Abfahrt von hier die in sie gelegte Gabe entdeckt hätten ... wenn sie ihrerseits das leidenschaftliche Verlangen hätten, anderen den Weg Christi zu ebnen ...

*

Ergreifender Besuch zweier Jugendlicher, die wissen, was es heißt, in ihren Ländern von der Polizei verhört zu werden. „Glücklich die Verfolgten ...": Sie sind ein lebendiges Abbild dieses Evangelienworts. Wenn wir Angst haben, stellt einer der beiden fest, ist alles verloren; die innere Freiheit wird uns niemand entreißen, weder Verhöre noch Gefängnis.

*

Als ich heute nachmittag vor Johannes Paul II. trat, sagte ich zu ihm: „Gelobt sei Jesus Christus dafür, daß er uns einen so guten Papst gegeben hat!" Er antwortete: „Frère Roger, kommen Sie mich oft besuchen!" Nachdem er zur Versammlung der Delegationen, die zu seiner Amtseinführung nach Rom gekommen waren, gesprochen hatte, wandte er sich noch einmal fragend mir zu: „Bevor wir auseinandergehen, geben wir jetzt noch einander die Hand, als Zeichen, daß wir die Versöhnung wollen. Wir wollen die Versöhnung, nicht wahr, Frère Roger?"

*

Wenn uns der Versucher sein „Wozu das Ganze?" ins Ohr flüstert, das uns vom Weg abbringt, findet sich immer ein nahestehender Mensch, der uns an der Hand zieht. Und gleitet eines Tages der andere aus, so werden wir ihn aus dem Graben ziehen.

*

Gestern Gebetsnacht im Münchner Liebfrauendom, vor der Abreise nach Afrika. Wohin man blickte, Gesichter über Gesichter, selbst noch in der Kanzel, in die sich Jugendliche gesetzt hatten. Wenn der Augenblick gekommen ist, vor einer Menschenmenge zu sprechen, sage ich mir, damit die Schüchternheit nicht die Oberhand gewinnt: Stell dich hin wie ein Kind, das Kind, das du einmal warst, als deine ältere Schwester dir das Lesen und Schreiben beibrachte ...

Am Ende des Gebetes verlassen die Jugendlichen die Kirche nicht; sie singen die meditativen Gesänge weiter. Zusammen mit den Brüdern sind wir gegen ein Uhr morgens gegangen, da durch die offenen Türen eisige Kälte hereindrang. Doch einige Jugendliche haben bis zum Morgengrauen gebetet.

Es gibt junge Deutsche, die sich von anderen Völkern an den Rand gedrängt fühlen. Viele Deutsche haben die Fähigkeit, mit außergewöhnlichem Können etwas ins Werk zu setzen. Und in der deutschen Seele war immer auch eine mystische Ader. Vereinen sich beide Gaben, bis sie nur noch eine einzige sind, können die Jugendlichen dieses Landes ein unvergleichliches Ferment der Versöhnung unter den Menschen sein.

Südafrika. Unerwarteterweise werden wir zum Kap hin-untergefahren. Erst gestern erfuhr ich, daß wir dort erwartet werden. In einem Schwarzenviertel, wo wir nur einige Freunde zu treffen dachten, hat sich eine große Menschenmenge zu einem Gebet versammelt. Sie singen. Wie keine andere Ausdrucksform überträgt die menschliche Stimme den aus der Tiefe kommenden Ruf.

Auf einem Podium heißen uns afrikanische Priester und Pastoren aller Denominationen willkommen und geben mir das Mikrophon. Ich erwähne den afrikanischen Gottesmann, den meine Eltern eines Tages getroffen hatten. Ich war fünf Jahre alt. Er hat mich gesegnet. Seither sagte meine Mutter oft: In Europa erlischt der Glaube, doch das Evangelium wird in seiner Frische aus Afrika wieder zurückkommen. Ich versichere ihnen, daß der damalige Segen heute eine Erfüllung findet.

Anschließend spricht jemand anders. Doch ich sage mir: Meine Worte waren so unerheblich. Ich frage die beiden Brüder, die mit dabei sind, Alois und John, ob es notwendig sei, nocheinmal das Mikrophon zu ergreifen. Sie bejahen. Diesmal versuche ich mit einer Geste auszudrükken, wovon das Herz voll ist, und ich erkläre den Afrikanern: Ich möchte euch um Verzeihung bitten, nicht im Namen der Weißen, das kann ich nicht, sondern weil ihr für das Evangelium leidet und uns in das Reich Gottes vorausgeht. Ich möchte von einem zum anderen gehen, damit jeder von euch in meine Hand das Kreuzzeichen, das Zeichen des Verzeihens Christi macht.

Diese Geste wird auf Anhieb verstanden. Alle machen es, sogar die Kinder. Es scheint eine Unendlichkeit zu dauern. Spontan erklingen Auferstehungsgesänge.

*

Nairobi. Das Elendsviertel, in dem wir wohnen, heißt Mathare Valley. Es ist das größte Slum der Stadt. Das ärmste Afrikas, wie manche behaupten. Hunderttausend

Menschen sind am Abhang eines kleinen Tales zusammengepfercht. Wiederholt sagte man uns, daß es ein gefährliches Viertel sei, in dem Angst, Gewalt, Alkoholismus und Diebstahl herrschen, daß es nicht möglich sei, dort zu wohnen, kein Weißer habe bisher im Inneren des Viertels gelebt.

Gleich am ersten Abend stellten wir überrascht fest, daß die Baracke, die wir bewohnten, im Prostituiertenviertel liegt. Sie sind oft gute Familienmütter. So oft nehmen uns die von der Gesellschaft Abgelehnten mit dem Herzen Gottes auf.

Die Nächte sind kalt, und das Dröhnen der heftigen Tropenregen auf das Wellblechdach reißt uns oft aus dem Schlaf. Wir können gar nicht genug Tropfenfänger finden. Mit der ihm eigenen, auf alles bedachten Umsicht, beeilt sich Hans ständig, Gefäße aufzustellen, um das Wasser aufzufangen.

Wir bilden eine Gruppe, die sich aus siebzehn Nationalitäten zusammensetzt. Gemeinsam schreiben wir einen Text für die Jugendlichen und suchen dabei nach Wegen, auf denen es möglich wird, über die Mauern konfessioneller oder rassistischer Verhärtungen zu springen. Ein junger Afrikaner sagte heute nachmittag: „Wir sind hier selber schon von Stammestrennungen ausgehöhlt, und da kommen noch zusätzlich die im Namen des Glaubens aus Europa herübergebrachten Spaltungen dazu; in Kenia gibt es mehr als dreihundert ganz kleine autonome Kirchen."

Krankheitserreger tauchen auf. Mehrere von uns sind krank. Die Abfälle mitten auf der Straße, die Abwässerrinnsale, die unter freiem Himmel um die Baracke herumfließen, sind ein Tummelplatz für Ruhrbazillen. Die Brech- und Schüttelfieberanfälle beginnen meistens nachts. Wenn ich bei einem die ersten Anzeichen von Übelkeit erkenne, springe ich schnell zu ihm hin, um ihn zu versorgen, damit nicht alle wach werden. Die Seinen pflegen: ein Glück.

Als wir heute abend gerade die Baracke geschlossen

hatten, klopfte jemand an die Tür. Einer von uns ging, um zu öffnen, und hatte unversehens einen auf ihn gerichteten Revolver vor der Nase. Die beiden Jungen aus dem Viertel waren gerade nicht da. Unsere nächste Nachbarin, durch eine dünne Zeltleinwand von uns getrennt, hörte den Lärm und kam heraus, um in der Landessprache ein Machtwort zu sprechen. Nicht zum ersten Mal kommt sie aufrecht wie „Die Nike von Samothrake" heraus und vertreibt Männer unter Drohungen.

*

Europäisches Treffen in Paris, Abendgottesdienst in Notre Dame. Die Küster sind müde von der Arbeit während der Weihnachtszeit. Mit Rücksicht auf sie sind wir alle zusammen vor 22 Uhr zur Fortsetzung des Gottesdienstes in die St. Sulpice Kirche gegangen, wo wir lange bleiben können. In St. Sulpice zum ersten Mal öffentlich einen Teil des letzten Gesprächs mit Johannes XXIII. erzählt. Es war 1963. Wir waren zu dritt, Max und Alain waren auch dabei. Mgr. Dell'Acqua hatte einen Tag ausgesucht, an dem der Papst nicht litt, damit wir Zeit für einen Austausch hätten. Es ging darum, aus seinem Mund eine Art geistliches Testament für unsere Communauté zu hören. Die Kirche besteht aus immer größeren konzentrischen Kreisen, sagte Johannes XXIII. Er hat nicht näher erklärt, in welchem Kreis er uns sah. Doch wir verstanden, daß es in der Lage, in der wir uns befanden, nicht nötig war, sich Sorgen zu machen. Wir gehörten zur Kirche dazu.

Ich wagte es nicht, alles von diesem letzten Gespräch zu sagen, aus Angst, seine Worte könnten entstellt werden. Doch ich beziehe mich jedesmal darauf, wenn sich die Lage verhärtet.

Als der Abend kam, an dem Johannes XXIII. starb, war es, als würde sich die Erde unter den Füßen öffnen. Wo würden wir in der Kirche eine solche Stütze finden?

Kindheitsglück, einige Tage in einer Stadt zu sein. In meiner frühen Kindheit fuhren wir manchmal im Winter zu meiner Großmutter väterlicherseits. Sie wohnte in einer Stadt. Alles versetzte mich in glückliches Staunen. Der Straßenlärm, das durch die Kälte beschleunigte Hin und Her, die Signalglocke einer Straßenbahn.

In unserem Dorf auf dem Land dagegen wurden die Lebenszeichen vom Winter verschlungen. In den gut abgedichteten Ställen blieb das einzige kleine Fenster von den Ausdünstungen beschlagen. Die zwei oder drei Kühe jeder armen Familie wurden nur zweimal am Tag hinaus zur Tränke geführt. Jeden Tag schickte man mich warm eingemummt in den von den Frösten eingeschläferten Garten. Schon bei der ersten Schneeschmelze versuchte ich, die Vorboten des Frühlingsanbruchs zu erahnen ...

*

Bewohnt von einem vor über einem Jahr in Bangladesh gesehenen Bild. In einer engen Gasse ein auf dem Boden kauerndes Kind, das ein Baby auf dem einen Arm trägt und mit dem anderen Arm versucht, ein zweites hochzuheben. Als es beide zugleich hielt, kippte es zu Boden. Bild der unschuldig in der Kindheit erlittenen Wunden. Warum ist es unmöglich, sich solcher Kinder anzunehmen? Mehr als ein Jahr danach hat sich das Herz noch nicht davon erholt.

*

Zusammen mit den Brüdern sind wir gestern in das Haus der Schwestern im Nachbardorf gegangen, um dort die Überlegungen des Bruderrats abzuschließen. Ganz spontaner Dialog mit ihrer geistlichen Leiterin, Mère Marie-Tarcisius. Mehr als zehn Jahre ist es jetzt her, daß sie – obwohl nicht mehr jung – einwilligte, das Mutterhaus ihrer Gemeinschaft zu verlassen, um zu den Schwestern nachzukommen, die schon den Gästeempfang auf unserem Hügel mitübernommen hatten. In ihr eine unersetzliche Gabe, zuzuhören und sich einzufühlen. Zusammen mit ihren Schwestern bringt sie die unvergleichliche Erfahrung einer katholischen Gemeinschaft mit, die vor nunmehr über siebenhundertfünfzig Jahren ins Leben gerufen wurde. Wie hätten wir ohne ihr Hiersein den Besucherempfang meistern können, der immer noch weiter anwächst? Sie leisten, was wir niemals zustandegebracht hätten. Ohne sie hätten wir angesichts des umfangreichen Empfangs die Flinte ins Korn werfen müssen.

*

In unserer Kirche habe ich mich soeben mit Christen unterhalten, die man „konservativ" nennt. Nach ihnen haben sich sogenannte „progressive" Christen vorgestellt.

Bei der Rückkehr ins Haus schrieb ich sofort Folgendes auf:

Die „Konservativen" wie die „Progressiven" in gleicher Weise lieben. Auf keinen Fall sie gegeneinander ausspielen, das wäre der gemäßigte Mittelweg, der uns zu Gerechten voll Selbstgenügsamkeit und nicht zu Armen des Hauses Gottes machen würde.

*

Mit dem Alter wächst die Leidenschaft zu begreifen, was zutiefst im Herzen der menschlichen Person vorgeht.

Im Hinblick darauf ist es von großem Interesse, die Lebensbeschreibung von Coco Chanel zu lesen. Ist es das Fehlen der väterlichen Zärtlichkeit, was diese in Armut geborene Frau dazu führte, wie besessen in der Haute Couture zu arbeiten, mit dem Bedürfnis, ein großes Vermögen anzuhäufen und über die Großzügigkeit eines im Dunkel bleibenden Vaters zu fabulieren, der sie als kleines Kind verlassen hatte?

Was ist im Leben einer außergewöhnlichen Pianistin wie Clara Haskil geschehen, daß sie sich für unfähig hielt, gut zu spielen, während die Zuhörer von ihrem blendenden Spiel entrückt wurden?

*

Sehr oft waren ein einziger Mann oder eine einzige Frau, die es wagten, allein in einer Kirche zu beten, mit ihrem Durchhaltevermögen für andere ein lebendiger Aufruf. Es genügt ein einziger, und eines Tages werden viele auf denselben Weg geführt.

*In deiner Dunkelheit entzündet sich
ein Feuer, das nie verlöscht.
Du möchtest Träger eines Feuers bis
in die Nächte der Menschheit sein –
wirst du in dir ein inneres Leben
ohne Anfang noch Ende wachsen lassen? Es ist ein Lauffeuer. Das Hinreis-
sendeste an deinem Dasein ist das
fortwährende Sichweiten eines sol-*

Vertrauen wie Feuer

*chen inwendigen Lebens. Dort ge-
schieht das unerhörteste menschliche
Abenteuer.
Wäre das Vertrauen des Herzens aller Dinge Anfang ... ginge es jedem
kleinen oder großen Unterfangen
voraus ... du kämst weit, sehr weit.
Du würdest Personen und Ereignisse
von einem inneren Blick voll Frieden
her wahrnehmen und nicht mit einer
dich in Vereinzelung treibenden Unruhe, wie sie nicht von Gott kommt.
Unversehens würdest du zu einem
Ferment des Vertrauens und des Friedens, selbst noch in den Wüsten der
Menscheitsgemeinschaft, dort, wo sie
sich in Stücke reißt.*

(1979–1981)

Brüder zu haben, die aus fernen Kontinenten kommen, ist für unsere Communauté zugleich eine Vollendung und ein Neubeginn.

Es ist die Vollendung eines schon erwarteten Zeichens von Universalität. Dieses Zeichen ist heute noch unentbehrlicher als gestern, wenn man weiß, wie schwer es ist, einen Sauerteig der Gemeinschaft in die Menschheitsfamilie hineinzusenken. Diese jungen Männer, unsere Brüder, verlassen ihre Familie, ihr Land. Sie ziehen los wie Abraham, der nicht wußte, wohin er ging. Sie vollziehen einen reinen Akt des Glaubens, jenseits menschlicher Erklärungsversuche. In ihren Ländern stellt der Westen oft eine beängstigende Macht dar.

Das unendliche Vertrauen dieser Männer treibt uns voran. Ihr Hiersein wird somit zum Neubeginn. Wir möchten nicht sie aufnehmen, sondern uns durch sie von Christus aufnehmen lassen.

Lucas fliegt heute nach Hongkong ab und fährt anschließend nach China, um seine Familie zu besuchen. Weiß der chinesische Bruder zur Genüge, daß er für uns einer dieser Zeugen ist?

*

Mit den Jahren weitet sich das Herz. Es wird geräumiger. Es hat wie Antennen, um das Wesentliche zu erfassen, von dem jedes Gegenüber bewegt wird, das sich anzuvertrauen kommt.

*

Warschau. Aniela Urbanowicz feiert ihren achtzigsten Geburtstag. Nach ihrer Krankheit ist sie wieder voller Lebensenergie. Ihre Lesart der Lage im Land ist von geschärfter Klarsicht. Sie sagt: „Nicht die materiellen Fragen machen uns Sorgen. Unter uns finden wir Wege zu teilen, das schaffen wir." Als die Rede auf die jungen

Polen kommt, spricht sie von Martyrium. Doch fügt diese Frau, die ihren Mann und ihre Tochter während des Zweiten Weltkriegs in Auschwitz verlor, hinzu, daß es vielleicht einfacher ist, als junger Mensch sein Leben auf einmal hinzugeben, als ein ganzes Leben in Treue auszuhalten.

*

Brief eines jungen Asiaten, ohne Unterschrift. Er ist in sein Land zurückgekehrt, nachdem er ein Jahr lang bei den Treffen auf unserem Hügel mitgeholfen hatte:

„Du weißt genau, von wem dieser Brief stammt. Was derzeit in meinem Land vorgeht, wäre unmöglich zu ertragen, hätte ich nicht die Gewißheit eurer Freundschaft. In unserer Gegend gab es einen Aufstand. Die Regierung nimmt an, daß wir die Ursache sind. Die meisten meiner Freunde sind bereits unter falscher Anklage im Gefängnis. Ich hoffe, dieser Brief erreicht dich. Sonst ist er dazu verwendet worden, mich zu verhaften und ins Gefängnis zu bringen. Ich hoffe, daß sich die Situation beruhigen wird. Unser Durst nach Gerechtigkeit dagegen wird niemals nachlassen!"

*

Gespräch mit Michel. Wir greifen noch einmal auf, was wir uns in den letzten Tagen sagten. In der Gesinnung vieler findet sich ein Rest Idealismus im Hinblick auf die Kirche. Man möchte sie dermaßen makellos, authentisch und lauter haben. Das trägt nicht dazu bei, sie in ihrer Zerbrechlichkeit anzunehmen. Doch ist die Kontinuität Christi in der Menschheit nur möglich, wenn eine Weitergabe geschieht, und diese ist auf menschliche Träger angewiesen.

Das Gespräch erinnert mich an einen amerikanischen Quäker, der in den Jahren 1948 bis 1950 nach Taizé kam.

Wir sahen uns später täglich beim Vatikanischen Konzil. Er war als Beobachter dort. Dieser Quäker sagte in etwa folgendes: In seiner Jugend fühlte er sich vor eine Alternative gestellt und hatte zu wählen. Am einen Pol sah er die Quäker und am anderen die katholische Kirche. Indem sie jegliche Sichtbarkeit der Kirche ablehnen, sind die Quäker in einer Form des Purismus so konsequent wie nur irgend möglich. Doch, fügte er hinzu, sie sind Christen der kleinen Zahl geblieben.

*

Brief an Denis: „Hätten wir nicht jemanden wie dich, der in diesem Elendsviertel von Nairobi lebt, wäre die Heiligkeit Christi, die wir suchen, ein vielleicht heiliges, doch sich selbst zugewandtes Leben. Wo bliebe der Vorstoß zur Katholika, der einen, heiligen Kirche? Wie nie zuvor gehst du auf diesem Weg voran. Durch das, was du lebst, lassen wir die Verwundetsten der Menschheitsfamilie nicht mit ihrem Los allein."

*

Seit zehn Tagen liegt ein tiefes Schweigen über Südostasien. Hungersnot in Kambodscha. Von zehn Neugeborenen überlebt ein einziges. Die Besorgnis ist manchmal so stark, daß sie einen mitten in der Nacht aus dem Schlaf holt: Wieviel Uhr ist es in Kambodscha? Dort ist es Tag geworden, ein weiterer Tag, an dem Schrecken die Blicke der Kinder, der Frauen, aller erfüllt. Christus, unschuldig unter Unschuldigen, bewohnt jeden dieser angstzermalmten Menschen.

Was tun? Wir haben zwei vietnamesische Witwen mit ihren zahlreichen Kindern bei uns aufgenommen. Die Familien sind hier, ganz nahe bei uns. Wir würden gerne ihre Zahl erhöhen, doch die Verhandlungen stoßen auf unüberwindliche Hindernisse.

Brief von Pim. Der junge Holländer ist soeben zu uns gezogen: „Als ich hier ins Haus einzog, sagtest du zu mir: Dieses Haus wird für dich das Haus deiner Mutter sein. Heute möchte ich dir antworten: Meine Mutter ist gestorben, als ich Kind war, doch du, als Werkzeug Gottes, machst sie für mich lebendig. Ich hoffe, anderen die Liebe zu schenken, die meine Mutter mir geschenkt hätte. Ich bete darum, auf meine Art wie ein Kind, wie ein Vater, wie eine Mutter zu werden. So wie auch du auf deine Art einem Kind, einem Vater und einer Mutter gleichst."

Dieser Brief ist ganz und gar aus dem Evangelium. Mit einem sehr erwachsenen Sinn, ohne kindisches Gehabe, in der Aufrichtigkeit des Herzens können wir für andere wie ein Kind, wie ein Vater, wie eine Mutter nach dem Evangelium werden.

*

Glaube und Kirchenverfassung", die theologische Abteilung des Genfer Ökumenischen Rates, ist für acht Tage in Taizé zusammengekommen. Etwa dreißig Menschen, die die Quellen des Glaubens erforschen. Überaus glücklich für Max: dieser Lebensgefährte wurde dazu ernannt, in Genf eine theologische Arbeit weiterzuführen. Er ist dermaßen begabt. Er vermag Orte der Einmütigkeit im Glauben zu entdecken, die wieder zusammenführen. Ich habe festes Vertrauen, daß der Text, an dem er im Vorfeld der Versammlung von Vancouver arbeiten wird, der denkbar beste sein wird.

*

Der Gebrauch gewisser Wörter zur Bezeichnung innerer Lebensverfassungen bringt einen mit Sprengstoff in Berührung.

In den täglichen Gesprächen mit Menschen, die sich anvertrauen kommen, weigere ich mich, Wörter wie

Angst, Stolz, Eifersucht und viele andere mehr über meine Lippen zu lassen. Und spricht jemand eines dieser Wörter aus, frage ich: warum dieses Wort?

Welche Achtsamkeit braucht es, damit kein Etikett auf das Herz eines Menschen geheftet wird! Sonst sucht er in sich leicht etwas, eingebildet oder nicht, das dieses Etikett rechtfertigt. Doch kommt zugleich eine ganze innere Entwicklung zum Stillstand. Gerade auf diese innere Entwicklung kam es an; keinesfalls ging es darum, in eine erstarrte Vorstellung von sich selbst gesperrt zu werden.

Dem anderen zuzuhören löst im Grunde aus, daß in ihm das Reich Gottes gleichsam fortwährend neu zur Welt kommt.

∗

Seit neun Jahren bereist Angelina Lateinamerika. Nach der Ankunft in einer unbekannten Stadt nimmt sie den örtlichen Kalender, bestimmt den günstigsten Termin, für den man Treffen vorbereiten kann, und findet Kirchengemeinden, die Leute aufnehmen. Jugendliche und weniger junge Menschen werden dorthin eingeladen, und alles kommt von daher in Bewegung.

∗

Einmal mehr sagt Rudolf, wir seien so wenig Menschen der Organisation. Das stimmt. Und wir haben nicht die geringste Lust, anders zu leben.

∗

In meiner Kindheit hörte ich meinen doch so gütigen Vater mir sagen: „Früher war ich schwach, mit dir werde ich streng sein." Diese Worte versetzten mich in abgrundtiefes Grübeln. Warum handelte er aus Reaktion?

Niemals lehnte ich mich gegen seine Ansichten auf, ich erhob auch nicht Einspruch. Schweigen zu bewahren verlangte manchmal eine unwahrscheinliche Anforderung an meine Energie, mit dem Eindruck, am Rand der Kräfte zu sein. Später begriff ich es: auch dabei formte ich mich. In der Folgezeit hat mich eine Lungentuberkulose mit der Einsamkeit, die sie mit sich brachte, innerlich mehr aufgebaut, als ich vermutete.

Ich erinnere mich nicht daran, meinem Vater jemals widersprochen zu haben. Ich wußte, daß er irgendwo inwendig verletzt war. Eines Tages war er durch eine Falltür eine Stockwerkhöhe hinuntergefallen. Die Schädelverletzung mußte ihn verändert haben. Wir konnten das nur zur Kenntnis nehmen. Wie hätte ich ihn noch mehr belasten können? Doch in meinem Innersten reifte eine Entscheidung: Laß dich niemals verleiten, aus Reaktion zu handeln, das führt zu nichts.

Gelegentlich stelle ich mir die Frage: Handelst du angesichts kategorischer Urteile von Kirchenmännern aus Reaktion? Selbst wenn diese Urteile manchmal ungerechtfertigt waren: unnütz, Gegenstellung zu beziehen. Wenn nötig, werde ich die Widerstände, unter anderem die, die aus meiner ursprünglichen Konfessionsfamilie kommen, auf mich nehmen und unangefochten den Weg weitergehen, der sich in der Kirche auftut.

*

Beim Nachdenken über die bevorstehende Abreise nach Lateinamerika kommt mir eine Erinnerung aus den Anfängen ins Gedächtnis. Ich kehrte zu Fuß aus einem Nachbardorf zurück. Auf der Straße kreuzte ich einen jungen Mann, dem die Armut anzusehen war. Heftig rührte sich eine Frage: Und du, wirst du jemals wie er sein? Hast du nicht immer jemanden, auf den du dich stützen kannst? Liegt die Armut nicht darin, niemanden zu haben, mit dem man sprechen kann, wenn es an allem zu mangeln beginnt? Wirst du an der Seite derer sein, die dermaßen wehrlos sind?

Die Antwort lag nahe. Ich habe gewählt. Seither befragte ich mich: Wem bin ich begegnet ...? Heute glaube ich es zu wissen. In diesem Mann war Christus so gegenwärtig wie nur möglich.

*

Ein Telegramm teilt den Tod meiner ältesten Schwester mit. Vor einigen Wochen war ich bei ihr zu Besuch. Schwer krank, dankte sie jedem: „Mein Leben lang wollte ich den anderen helfen, und jetzt helft ihr mir."

Beim Eintreffen der Nachricht zu Fuß in ein kleines, naheliegendes Tal gegangen. Wie sich über so weite Entfernung den Tod eines lieben Menschen vergegenwärtigen? Die Einsamkeit der Landschaft kündete von einer Ruhe in Ewigkeit.

Ich werde mich auch weiterhin oft an sie halten, wenn ich vor versammelten Jugendlichen zu sprechen habe. Ich werde mir abermals sagen: Du bist nicht dafür geschaffen, in der Öffentlichkeit zu sprechen; warum du? Nichts hat dich darauf vorbereitet, es ist in deinem Leben zu spät gekommen. Sprich also in aller Einfachheit. Bist du so verschieden von dem Kind, das du warst, als deine älteste Schwester dich Lesen und Schreiben lehrte? Und die Schüchternheit wird verfliegen.

*

Mit Brüdern und Jugendlichen in einem Elendsviertel Südchiles. Jugendliche aus Temuco kommen uns besuchen. Wir sprechen von der Zerspaltung der Christen. Sie ist in Chile ausgeprägt vorhanden. Hier im Viertel gibt es die katholische Kapelle, ein schlichter Gottesdienstraum aus Holz. Es bestehen auch elf kleine, als evangelische

Kapellen eingerichtete Baracken; alle, die dorthin gehen, sind katholischen Ursprungs.

Sollten die Jugendlichen von Temuco einen zeichenhaften Vorversuch machen? Wie, wenn sie als Katholiken abends zum Gebet in die elf Baracken gingen und diese nicht mehr Ort der Absonderung wären? Und wie, wenn es ihnen möglich wäre, allen vorzuschlagen, sonntags zur katholischen Eucharistiefeier zusammenzukommen? Ist es nicht eine besondere Gabe der katholischen Kirche, im Umkreis der Eucharistie auf ein und denselben Glauben, ein und denselben Sinn bedacht zu sein?

Im 18. Jahrhundert bat Zinzendorf die Böhmischen Brüder, niemals am Sonntagmorgen unter sich zusammenzukommen, sondern dorthin zu gehen, wo sich die anderen Christen versammeln. Er trug Sorge, nichts in Konkurrenz zu tun.

*

Santiago. Weihnachtsnacht in einem Frauengefängnis. Christmette, anschließend eine Mahlzeit mit den Gefangenen. Es gibt hier strafrechtlich verurteilte, aber auch politische Gefangene. Fast alle sind tränenüberströmt. Manche Gesichter sind entstellt, andere von unbeschwerter Fröhlichkeit verklärt.

Der Priester sagt zu uns: „Diese Frauen sind nicht böse. Einige haben vielleicht ein wenig Zweideutiges an sich. Manche haben Verwandte umgebracht. Doch sie sind nicht böse. Ich kenne sie. Ich komme seit zwanzig Jahren jeden Tag hierher."

Als ich auf das Gesicht dieses Priesters schaue und von seiner langjährigen tagtäglichen Treue höre, erfüllt mein Herz eine Frage, und ich stelle sie ihm: „Woher nehmen Sie eine solche Leidenschaft für Gott und eine solche Leidenschaft für Gemeinschaft mit Menschen? Hatten Sie eine Großmutter, eine Mutter, die für Sie betete?" „Ja", antwortete er, „meine Mutter. Als ich sie vor jetzt zweiundzwanzig Jahren in unserem kleinen spanischen Dorf verließ, begleitete sie mich bis zur Tür und sagte mir ein paar Worte. Es waren die letzten, die ich von ihr gehört habe: Mein Sohn, sei ein guter Priester. Ich habe sie nie wiedergesehen. Ein Jahr danach ist sie gestorben."

Wir waren gekommen, Gefangene zu besuchen. Wir stießen auch auf eine Berufung im äußersten Sinn des Wortes, auf ein Menschenleben, an dem man die Absolutheit Gottes ablesen kann.

*

Barcelona. Europäisches Jugendtreffen. Aus Ländern Europas und anderer Kontinente angereist, sind wir nur deshalb hier, weil wir Sucher einer Gemeinschaft sind und in eine gemeinsame Schöpfung eintreten wollen.

Wie etwas mit Menschen aller Altersstufen, alten Leuten, Kindern unternehmen? Uns allein oder zu einigen auf den Weg machen. Eine Art kleiner Pilgerwege von einem zum andern, von einer Gruppe zur andern, einer Kirchengemeinde zur andern gehen. Sich besuchen, zusammen das Ostergeheimnis feiern. Und vielfältige Rinnsale werden in einem Strom zusammenfließen.

Zunächst in sich selbst einen inneren Pilgerweg beginnen. Eines Tages wird er zum Pilgerweg eines ganzen Lebens.

Trotz ihrer nahezu zweiundachtzig Jahre und ihres angegriffenen Herzens wollte Mamette nach Barcelona kommen. Auf der Straße begegnete sie einer fremden Zigeunerin und lud sie zum Essen in ein Café ein. Die Zigeunerin nutzte einen unbedachten Augenblick und stahl ihr das Geld. Das hindert Mamette nicht daran, in einem leicht heruntergekommenen Teil von Perpignan zu wohnen. Zigeuner und Nordafrikaner ließen sich nach und nach dort nieder, die Franzosen zogen weg. Mamette wollte unbedingt bleiben, um unter ihnen ein Leben in Liebe zu führen.

Mamette ist eine jener alten Frauen, die, weil sie ein ganzes Leben im Vertrauen des Herzens durchgehalten haben, einem anderen uneigennützig zuzuhören verstehen. Sie haben die Gabe des Zuhörens. Und das ist schwindelerregend schön.

*

Bruderrat der Communauté. Unsere Lösungen sind mehr oder weniger unbeholfen. Irren wir uns, so nehmen wir hin, daß eine Spanne Irrtum in der Natur der Sache liegt. Sollten wir uns deshalb nicht mehr weiterbemühen? Ganz im Gegenteil. Allem zum Trotz sind wir leidenschaftliche Sucher.

In unserem gemeinsamen Leben ist unsere Liebe Gemeinschaft. Wo dieser Schatz des Evangeliums ist, soll unser Herz sein, bereit, sich wie ein chinesischer Fächer zu öffnen, der sich kreisrund entfaltet.

Ein Gleichnis der Gemeinschaft verwirklichen ist für uns wie die Feuersäule, die nachts dem Zug des Volkes Gottes in der Wüste leuchtete.

*

Jeden Tag laden wir in Rom um den runden Tisch mit der darüberhängenden Lampe zum Essen ein. Ernste Unterhaltungen oft, in einer Zeit, in der die bisweilen öffentlichen Streitigkeiten unter Christen weitergehen.

Wie die Gemeinschaft herstellen, wenn sich die hohe Intelligenz auf dem Marktplatz Wortgefechte liefert? Muß man Partei ergreifen, um bestehen zu können, kann man sich nicht mehr halten. Was können wir ausrichten angesichts der Krankheiten dieses Leibes, der die Kirche ist? Einige, eine kleine Zahl, werden sich zu solchen Wortgefechten hinreißen lassen. Viele, der größere Teil, werden sich von diesen Streitigkeiten abkehren und sich gleichzeitig von Christus entfernen.

In den dunkelsten Momenten, als die Kirche von den schwersten Entmutigungen betroffen war, brachen immer Schwung und neues Erwachen auf. Daraufhin vollzogen sich tiefgreifende Veränderungen, nicht solche, die zertrennen, sondern solche, bei denen man von innen her darangeht, die Breschen aufzufüllen und das Zerrissene wieder zu verbinden.

*

Ein polnischer Organist ist auf der Durchreise hier. Er entlockt unserer dürftigen Orgel wahre Wunderklänge. Wir sind in der Kirche geblieben. Er spielte wie einst Frescobaldi: stundenlang sollen die Leute verweilt haben, um ihm zuzuhören, unbeweglich, fasziniert.

*

Den ganzen Vormittag über hält sich Marie-Sonaly ein wenig melancholisch in meiner Nähe. Wenn das vorkommt, rede ich ihr manchmal lange zu und erzähle ihr dann eine Geschichte. Heute abend habe ich ein Ei in ein Loch im Stamm der alten Linde ganz nahe am Haus gelegt. Morgen gehen wir dieses Ei suchen, das die schwarze Henne gelegt hat und die Turteltaube seit Tagesanbruch gurrend bewundert. Tag für Tag entwickeln sich so neue Episoden der Geschichte der schwarzen Henne.

Manchmal gehen wir in der Fantasie auf Reisen. Wir nehmen ein Flugzeug. Wir fliegen so weit, so weit weg von Taizé, daß man sich ein wenig aufrütteln muß, um sich wieder da zu fühlen. Wir überfliegen den Atlantik in einem kleinen Flugzeug. Es hat zwei senkrechte, aber auch einen waagrechten Propeller, damit es, wenn wir möchten, auf einem großen Schiff aufsetzen kann. Die Überquerung dauert lang. Nachdem wir auf dem Schiff gegessen und geschlafen haben, ist Zeit zum Weiterflug.

Doch Marie-Sonaly will nicht mehr. Sie sagt, sie sei in den vorigen Stunden zu sehr durchgeschüttelt worden. Sie hat zu viel in die dafür bereitliegenden Papiertüten erbrochen. Schließlich findet sie sich bereit abzufliegen, unter der Bedingung, daß sie selbst den Steuerknüppel bedient. Wie im Auto, wenn wir zur Kirche fahren, will sie sich auf meine Knie setzen, um das Flugzeug zu steuern. Mit einem langen bunten Schal um den Hals. Er flattert ein Stück aus einem geöffneten Bordfenster. Wir haben noch viel vor uns – wir fliegen nicht schneller als zweihundert Stundenkilometer.

*

In Paderborn wird mit einem Gottesdienst die Fastenkollekte in der Bundesrepublik eröffnet. Aufgrund des Aufrufs von Puebla, in dem die Kirchenverantwortlichen Lateinamerikas bitten, den Armen und den Jugendlichen Vorrang zu geben, willigte ich ein, hinzufahren.

Auf der Rückfahrt sprechen Wolfgang und ich miteinander. Ein weiteres Mal stellten wir unter den Jugendlichen fest: auf das Teilen von Geld zu sprechen kommen, löst eine Art Beben aus. Alle wissen, daß Kollekten im Sinn des Evangeliums sind. Es gab sie schon in der ersten Zeit. Doch Jugendliche, die sich in die Lage der Armen versetzen, nähmen es nicht hin, wenn diese durch Geld gedemütigt würden. Sie fürchten, Spenden seien lediglich Gewissensberuhigung und das Geld ein Machtmittel, mit dem man die Armen im Zaum halten kann.

Inmitten welcher Gegensätze gehen wir vorwärts! Doch wir gehen vorwärts. Wer wollte unbeweglich bleiben?

*

Was wird der Pilgerweg der Versöhnung sein, dessen Ausgangspunkt Angelina in Südspanien vorbereitet? Eine Stimme, die in der Wüste ruft?

Vor einigen Jahren hatten drei Männer ein gemeinsames Verlangen nach der Versöhnung. Es sah aus, als könnten sie etwas ausrichten. Man hörte wenig auf sie. Paul VI. in Rom wurde von vielen abgelehnt; es brauchte erst seinen Tod, damit sie begriffen, wer er war. In Konstantinopel sah sich ein Mann mit großen Eingebungen, Patriarch Athenagoras, an seinen Initiativen gehindert. Und in Pastor Eugene Carson Blake, im Ökumenischen Rat der Kirchen, überdauert die Gestalt eines Menschen, der alles erhoffte, darauf brannte, aus den Sackgassen zu entscheidenden Versöhnungsschritten zu gelangen. Wie oft habe ich zu ihm gesagt: Gott spricht in unseren Wüsten.

*

Beim Aufbau der Zelte, in denen die Jugendlichen an Ostern untergebracht werden, benützte Hervé einen Schlegel, der vom Stiel rutschte. Mitten ins Gesicht erhielt er einen Schlag, der ihn hätte töten können. Doch er ist wohlbehalten am Leben. Das Herz singt.

*

Gestern ergriff während des Essens, das auf Mareks Lebensengagement folgte, sein Vater das Wort: „Ich möchte einige Worte aus meinem Vaterherzen sagen. Als Marek Kind war, hat ihn seine Mutter Gott übergeben. Wir freuen uns, daß er sich jetzt für Christus engagiert. Nach der Rückkehr werden wir in Polen dafür beten, er möge sein ganzes Leben lang dem treu bleiben, was er heute versprochen hat."

*

In zwei Tagen Abreise in die DDR. Ein Jugendlicher hat eben eine Kreuzikone fertiggemalt. Wir werden sie mitnehmen. Was für Geschenke noch mitnehmen? Eine Idee von Michael: zwei Kopien des Fensters der Verklärung anfertigen, die eine für Dresden, die andere für Erfurt, mit der Aufschrift: „Wende dich im Augenblick Gott zu."

*

Zum ersten Mal in der DDR. Armin, Alois, Marek und ich kamen ohne Visa an. Bis zum letzten Moment blieb ungewiß, ob es möglich sei, über die Grenze zu kommen. Das Visum, das man braucht, um öffentlich sprechen zu können, erhielten wir erst heute morgen.

In der Ewigkeit Gottes nimmt unser Bruder Christoph teil an dem, was hier in Erfüllung geht. Seit 1962 kam er in die DDR; ihm lag so sehr an einer Weiterführung. Mit dem lutherischen Bischof Hempel gehen wir einen Augenblick am Elbufer entlang. Wo einen aufmerksameren, so unvergleichlich offenen Menschen finden?

In der Dresdner Kreuzkirche geht das Gebet bis spät in den Abend weiter. Ein lang erwartetes Fest: die Gesichter von Jugendlichen sehen, die wir liebten, ohne sie zu kennen. Sie hatten sich bis in die hintersten Winkel der hohen Galerien zusammengedrängt.

Sie wissen, daß bei der derzeitigen Zerrissenheit die Versöhnung den Namen Verklärung trägt.

*

In Leipzig, der Stadt Johann Sebastian Bachs, kurzer Aufenthalt zu einem gemeinsamen Gebet mit Jugendlichen. Vom Auto aus sehen wir in einem Schaufenster ein kleines, bemaltes Holzpferd. Bauernhände haben es während des Winters im Erzgebirge gefertigt. Bei der Rückkehr wird es Kinderaugen erfreuen.

Von den beiden Tagen in Erfurt bleibt in erster Linie

die Eindringlichkeit der gemeinsamen Gebete in den katholischen und evangelischen Kirchen. Heute nachmittag war der Gottesdienst im Freien, auf dem Platz, der den Dom von zwei Seiten umschließt. Die Jugendlichen standen bis auf die Straße, so daß die Polizei kam und den Autoverkehr aufhielt ...

Abendessen mit dem alten katholischen Bischof. Er weiß, daß sein Tod bevorsteht. In seinem Arbeitszimmer ließ er auf einem niedrigen, von ein paar Kerzen erleuchteten Tisch ein wenig zu essen herrichten. Wer könnte Augenblicke beschreiben, wie man sie am Vorabend eines Lebens, das nicht enden wird, verlebt? Über allem ungetrübte Schönheit, wie sie dem Ungeahnten eigen ist.

*

Ankunft 144 junger Südafrikaner aller Rassen. Sie sind auf einer „Pilgerfahrt der Hoffnung". Bis zum letzten Tag befürchteten wir, sie würden die Ausreisevisa nicht erhalten. Um sie willkommen zu heißen, läuteten mitten am Nachmittag die Glocken in vollem Schwung.

Ein südafrikanischer Schwarzer, der anglikanische Bischof Tutu, hatte die Eingebung zu dieser Pilgerfahrt. Vor einem Jahr war er in Taizé und fragte mich damals spontan: „Was würden Sie davon halten, wenn wir im nächsten Jahr eine Pilgerfahrt 144 junger Südafrikaner aller Rassen nach Taizé vorbereiteten, als Hoffnungszeichen für unser Land?" Es war sein erster Besuch hier, jedoch hatten wir uns einige Monate zuvor in Johannesburg getroffen.

Gespräche mit den Südafrikanern. Die Rassentrennung geht ihnen bis ins Mark. Wie da herausfinden? Es ist für sie nicht einfach, den Begriff Versöhnung zu verwenden. Als Christus am Kreuz gefoltert wird, ruft er das Verzeihen auf seine Peiniger herab. Doch gibt es nicht Leute, die den Namen Christi widerrechtlich beanspruchen? Sie schlüpfen in den Namen Christen und treiben ihre Gerissenheit soweit, die von ihnen gefolterten und der Menschenwürde beraubten Menschen auch noch zur Versöhnung aufzurufen.

*

Ein Jugendlicher aus Uganda erklärt, daß nach so vielen Jahren Diktatur in seinem Volk ein Gift zurückbleibt und die Lage nicht so schnell bereinigt sein wird.

Wer, wie Christus, mit den andern mitzuleiden sucht, steht im Innern wie unter Spannung. Man möchte losrennen, um bei denen zu sein, die die menschliche Freiheit einbüßen.

*

Schwere Überschwemmungen in Bangladesh. Die westliche Presse bringt keine Einzelheiten. Was ist mit den Brüdern, die mitten in einem Elendsviertel Chittagongs leben?

*

Einige Tage bei den Brüdern in New York. Man nennt das Viertel, in dem sie wohnen, Hell's Kitchen, Höllenküche. Mitten im Zentrum Manhattans. Hier zu sein macht das Herz voll.

Das Mietshaus wurde recht und schlecht zusammengeflickt. Wir sind im letzten Stock. Es ist schon vorgekommen, daß die Decke nachgab, man den Himmel sehen und es hereinregnen konnte. Die Leute im Haus gehen keiner festen Arbeit nach; sie schwindeln sich so durch. Die Nächte im Viertel sind gefährlich. Auch durch unser Haus gellen manchmal Schreie. Eines Morgens sah einer von uns, wie Straßenkehrer aus einer Abfalltonne Arme und Beine zogen. Bei uns wird in regelmäßigen Abständen eingebrochen.

Abendgebet in St. Patrick. In New York hat man Angst vor dem Feuer: Als alle Sitzplätze belegt waren, wollte das Wachpersonal die Menge daran hindern, den Mittelgang zu füllen. Es entstand ein Gedränge, und alle kamen schließlich durch.

Es war nicht alltäglich, die Armen aus unserem Haus, die nirgendwohin beten gehen, in der New Yorker Kathedrale zu entdecken. Die Kinder aus unserer Straße mußten sich zu den Kirchenmännern in den Chor setzen. Eric kennt sie genau und befürchtete, sie würden ihre Hände in die eine oder andere Tasche gleiten lassen, um Geld oder anderes herauszufischen. Doch kam nichts dergleichen vor.

*

In dieser Woche reist Ranjan von Taizé ab, um einige Zeit bei seiner Familie in Kalkutta zu verbringen. Der junge Bangladeshi steht im Zentrum der gesamten Arbeiten für die Treffen auf dem Hügel. Aus seinem Mund kommt niemals ein Wort lauter als das andere. Er ist lebendige Nächstenliebe.

In seiner Person faßt Ranjan Tausende Jahre des Vertrauens in Gott zusammen. Gemeinsam beziehen wir uns auf die Visionen Christi, die Ramakrishna, ein Hindu-Mystiker des letzten Jahrhunderts, hatte. Durch nichts war er darauf vorbereitet worden. Und dennoch, gegen Ende seines Lebens erschien ihm in einer Vision Christus im Todesleiden.

Von Ranjan haben wir eine mehrere tausend Jahre alte Gebetshaltung übernommen, die ebenso im Lukasevangelium überliefert wird, wo es heißt, daß sich die Jünger niederwarfen, mit der Stirn den Boden berührten. Diese Haltung symbolisiert die persönliche Hingabe an Gott. Lang ausgestreckt, die Stirn auf die Hände gebettet, in einem grenzenlosen Schweigen, ist der ganze Mensch zugegen, „lebendige Opfergabe".

In diesen langen Winternächten, in denen das burgundische Land öde erscheint, versetzt uns die Schönheit des Innenraums unserer Kirche mitten in ein Geheimnis. Einfache, aufeinandergestapelte Kaminziegel ergeben in der Tiefe des Chors vielfältige kleine erleuchtete Nischen. Derart vor übereinandergelegenen Nischen aufgestellte Lichter symbolisieren in Kirchen des Ostens die Entschlafenen.

*

Ankunft in Süditalien. In einem Weiler über Salerno wurde uns ein Schulzimmer als Unterkunft überlassen. Von hier aus können wir leicht in die zerstörte Zone gelangen. Die Schule ist unbenutzt, das Haus war von den Erdstößen erschüttert worden. Wir heizen mit einem Gasflaschenofen, doch die Feuchtigkeit kriecht immer wieder vor. Die Zwischenwände sind mit Kinderzeichnungen vollgeklebt, die dem Ganzen die stets erhoffte fröhliche Note geben.

Wir ziehen von Ort zu Ort, hören Berichte über unermeßliches Leid und sind angesichts der Verhältnisse verstummt. Die einen können sich überhaupt keinen Ausweg denken. Andere sehen im völlig neuartigen solidarischen Miteinander einen Grund zur Hoffnung. Wir sind mit einem Lieferwagen unterwegs. Mehr als einmal sind wir Lastwagen der deutschen Bundeswehr begegnet, die mit Hilfs- und Lebensmitteln kommen. Bild der Verkehrung des Kriegs in den Frieden. Mit demselben Material kann man Unglück, aber auch mittellosen Menschen Hilfe bringen.

Telefonanruf aus Rom. Es sind die Brüder. Sie erzählen von der Vorbereitung des Europäischen Treffens. Ihre Stimmen verbergen nicht eine gewisse Besorgnis: Wie mehrere Tage lang die fünfundzwanzigtausend Jugendlichen unterbringen, die sich mittlerweile ankündigen, wo man nur fünfzehntausend erwartete?

Avellino, einer der vom Erdbeben am schlimmsten heimgesuchten Orte. Drei zerstörte Kirchen. Christmette vor einer von ihnen, im Freien. Vito, ein hiesiger Jugendlicher, stellt uns den Anwesenden mit kurzen, unerwarteten Worten vor, die uns nahegehen: „Diese Männer bauen die Kirche mit der Leidenschaft für die Gemeinschaft und mit der Stille." Das Wort „bauen" ist zu stark. Doch für den Rest ist es, als würde Vito umreißen, was das Treffen von Rom werden soll.

*

Die Jugendlichen, die zum Europäischen Treffen zusammengekommen waren, sind wieder abgefahren. Mit den in Rom anwesenden Brüdern heute abend Gebet und Begegnung mit dem Papst. Johannes Paul II. nimmt sich Zeit, bei jedem einzelnen einen Augenblick zu verweilen.

*

Ein junger Mexikaner trifft in Taizé ein: „Ich bin mit Jugendpastoral beauftragt. Ich komme hierher, um zu lernen." War die Antwort zu schnell: Taizé ist nicht dazu da, eine Jugendpastoral auszuüben; weder für die Jugendlichen noch für die alten Leute sind wir hierher gekommen, sondern um ein Gleichnis der Gemeinschaft zu leben; der Gästeempfang leitet sich davon ab.

*

Eric schreibt aus New York: „Außer daß in unsere Wohnung eingebrochen wurde und zwei benachbarte Miethäuser brannten, nimmt das Leben seinen gewöhnlichen Gang."

*

Wenn ich mit dem Auto auf den Straßen in der Nähe von Taizé unterwegs bin und die Jugendlichen kommen und gehen sehe, überrasche ich mich jedesmal bei dem Ausruf: Was für Gesichter voll Vertrauen! Das in sie gelegte Vertrauen wird selten widerlegt. Es treibt dazu, vorwärts zu gehen.

*

Gestern und heute viele Telefongespräche, um den Wurf Welpen zu verteilen. Es war höchste Zeit. Die Hündin Pity ist eine zu gute Mutter; sie säugt ihre Kleinen mehr als geboten und magert zusehends ab. Marie-Solany nahm den, der ihr am besten gefällt. Sie nannte ihn Pouf. Der kleine Martinho freut sich, daß er nun ebenfalls seinen kleinen Hund hat. Andere kommen weiter weg, selbst über die Landesgrenzen. Wieviel Zeit war nötig, alles zu bewerkstelligen und dabei auf die Herzenswünsche jedes einzelnen Rücksicht zu nehmen!

*

Im 18. Jahrhundert glaubten einige reiche Winzerfamilien in unserer Gegend Burgunds, an der Fassade nicht sparen zu dürfen. Deshalb hat unser Haus eine solche uns in Verlegenheit bringende Fassade, während es keine Tiefe, wenig Wohnfläche aufweist. In den Anfängen hier haben wir Dachreiter, Dachluken und Zinkschnecken verschwinden lassen. Bleiben die hohen, steilen Dächer. Warum ist es nicht möglich, mit einem Hubschrauber diese Dächer abzunehmen und sie auf das Gelände zu setzen, wo sich die Jugendlichen aufhalten? Sie brauchen dringend Unterstände zum Schutz vor Regen und Sonne. Unsere Bleibe würde so ihre letzte Unnatürlichkeit verlieren.

*

Würden wir Brüder lediglich auf das schauen, was wir in Taizé sehen, könnten wir in einer Euphorie leben. So viele Jugendliche kommen auf unseren Hügel, sogar im Winter. Wir bemerken ihren Durst nach dem Gebet. Wie viele Stunden verbringen sie, mit oder ohne uns, in der Kirche!

Doch durch Reisen, Vorbereitungen von Treffen in verschiedensten Ländern, wissen wir: viele suchen Christus, jedoch nur für sich genommen; Christus in der Gemeinschaft seines Leibes läßt man im Stich. Der Sinn für das Geheimnis der Kirche erlischt.

Würde Christus, wie er in der Gemeinschaft seines Leibes, seiner Kirche ist, nicht im Stich gelassen, verwendeten wir Brüder nicht so viele Energien darauf, Jugendliche zu versammeln, sich mit ihnen Fragen zu stellen, nicht nur in Taizé, sondern auch anderswo quer durch West- und Osteuropa oder auf anderen Kontinenten.

Der „BRIEF AUS TAIZÉ" verbindet Jugendliche und weniger junge Menschen quer über
die Erde.
Er erscheint auf Deutsch und in acht anderen
Sprachen.

Alle zwei Monate auf acht Seiten:

– Berichte von den laufenden Ereignissen in
  Taizé und vom Pilgerweg des Vertrauens
  auf der Erde.

– Texte von Frère Roger.

– Themenvorschläge für Gespräche in
  Gruppen und Gemeinden.

– Gedanken zur Meditation, Gebete und
  Bibelstellen für jeden Tag.

Abonnement:
F 71250 Taizé Communauté,
„Brief aus Taizé"

Frère Roger, Taizé

Die Quellen von Taizé
Band 365, 96 Seiten, 14. Aufl.

Die Gewalt der Friedfertigen
Band 421, 128 Seiten, 8. Aufl.

Ein Fest ohne Ende
Band 472, 128 Seiten, 8. Aufl.

Kampf und Kontemplation
Band 493, 128 Seiten, 6. Aufl.

Aufbruch ins Ungeahnte
Band 614, 128 Seiten, 5. Aufl.

Einer Liebe Staunen
Band 819, 128 Seiten, 3. Aufl.

Blühen wird deine Wüste
Band 1100, 144 Seiten

Vertrauen wie Feuer
Band 1194, 128 Seiten

in der Herderbücherei